Das magische Gleichgewicht

Johannes H. von Hohenstätten

Mein Dank geht an Peter Windsheimer für das Design des Titelbildes,
des Weiteren an Ariane, Arianus und Michael Sauter.

Für Schäden, die durch falsches Herangehen an die Übungen an Körper,
Seele und Geist entstehen könnten, übernehmen Verlag und Autor keine
Haftung.

Copyright © 2011 by Christof Uiberreiter Verlag
Castrop-Rauxel Germany

Herstellung und Verlag:
BoD – Books on Demand, Norderstedt
ISBN 978-3-7322-8588-4

Inhaltsangabe:

3

Dieses Buch zu fertigen, war ein Wunsch meines Freundes und Künstlers Peter Windsheimer, welcher die Idee hatte, eine allgemeine Zusammenfassung über das bis jetzt geschriebene System der Ausgeglichenheit, bzw. des magischen Gleichgewichtes zu schreiben. Es gibt tatsächlich noch einiges Interessantes zu wissen, wenn auch nur versteckt in sehr wenigen Schriften. Am exzellentesten und ausführlichsten beschreibt das natürlich Franz Bardon in seinem kolossalen und fundamentalen Werk „Der Weg zum wahren Adepten". Dass es ohne magisches Gleichgewicht keinen Fortschritt, egal auf welchem Weg, gibt, erwähnt der Meister viele Male.

Diese Schrift bietet nicht nur einen Überblick über das Titelthema, sondern sie gewährt auch noch einige Tipps in verschiedene Übungen. Da damit auch die Fluide, Elemente und Temperamente zusammenhängen, werden sie kurz gestreift und ich hoffe, dass ich den einen oder anderen dadurch die Lust zum Kampf mit dem Seelenspiegel vermittelt habe. Das ist auch der Hauptzweck dieses Werkes.

1. Was uns die Fraternitas Saturni lehrt

Der Orden der F.S. hat über 6000 Seiten an okkultem Material veröffentlicht, doch die wahre Einweihung erfolgte natürlich nur von Mund zu Ohr. In ihren Schriften wurde deshalb mehr angedeutet als ausgesprochen. Frater Eratus schrieb in seiner Logenzeitschrift „Einweihung" zwar von okkulten Übungen, doch muss man selbst bei ihm sehr zwischen den Zeilen lesen. Es bestand auch ein systematischer Aufbau, der aber durch die Veröffentlichung im Schikowski-Verlag völlig zerstört wurde. Aber hören wir nun mal rein, was die so von sich geben. Ich muss nur vieles aus hermetischer Sicht deutlicher hervorheben und ändern, so dass es sinnvoller klingt:

Grundforderung

Abgeschlossen liegt das alte Leben hinter Ihnen; der unbehauene Stein eines neuen vor Ihnen. Bereit sollen Sie sein, ihn zu formen, zu winkeln, zu glätten, koste es was es wolle. An der Schwelle des neuen Seins geloben Sie unerschütterliche Ehrlichkeit zu sich selbst. Aufrichtig wollen Sie sein in allem und zu allen.

Tagesplanung

Ordnung in allem lautet eine weitere Grundforderung. Ordnung im Wollen, Denken, im Fühlen, im Tun. Jegliches an seinem Platze, jegliches zu seiner Zeit. Geben Sie jedem Tag seinen Sinn, seinen Zweck und planen Sie klug voraus.

Entspannen Sie sich jeden Abend vor dem Einschlafen. Bringen Sie Ihre Gedanken zur Ruhe. Erforschen Sie dann Ihre Bewusstseinsinhalte des Tages, damit Sie die Triebkräfte Ihrer Seele kennenlernen. Trennen Sie die Charaktereigenschaften in höhere und niedere, in positive und negative. Im Verlaufe unserer Selbsterziehung gilt es, die Fronherrschaft der herabziehenden Impulse zu brechen. Daher jeden Abend Kontrolle der Gedanken, Gefühle und Taten. Entlarven Sie unnachsichtig, ohne Beschönigungsversuche Ihre Wünsche und Begierden. Nennen Sie sie beim Namen. Leuchten Sie hinein in die verborgensten Winkel Ihrer Triebnatur. Verweisen Sie das Nutzlose, für die Entwicklung unnötige aus Ihrer

Vorstellungswelt, jeden unsinnigen, selbstsüchtigen Gedanken, jedes schwächende, sinnenverhaftete Gefühl.

Überwachen Sie auch tagsüber streng Ihr gesamtes Denken. Beobachten Sie scharf Ihre Neigungen, Triebe und Leidenschaften. Reinigen Sie es unablässig. Fort mit Missstimmung, Hass, Sorge, mit unbeherrschter Furcht und Angst. Weg mit diesen Energie verschlingenden Lügenkobolden. Hinaus mit diesen Kraft fressenden Vampiren. Keine Sentimentalität, keinerlei Illusionen. Träumen Sie nicht von vergangenen Zeiten, trauern Sie nicht verpassten Gelegenheiten nach. Sinnlos ist die Reue! Jetzt ist die Zeit zum Handeln da. Packen Sie an. Scheuen Sie keinen Kampf. Durch heißt die Parole. Hart müssen Sie werden, denn nur die Harten kommen in den Garten; nichts darf ferner bestehen, was nicht Ihrer Vervollkommnung dient. Roden Sie, wo immer es zu roden lohnt. Ihr sich ständig stählender Wille ist der Hammer, der Meißel: Die Kraft des hochgepolten Gedankens. Dann sind Sie Werkmeister an Ihrem Lebensbau; Werkmeister zugleich am Bau des EWIGEN. Sie schaffen mit am Großen Werk, das getan werden muss. Vergessen Sie das nie, wenn Sie die Abendbilanz ziehen.

Der kritischen Selbstschau folgt die Planung für den kommenden Tag, was zu unterlassen ist, was getan werden muss. Überlegen Sie zugleich, wie Sie Ihre Freizeit besser noch für Ihre Entwicklung nutzen können. Nach Beendigung desselben gehen Sie wieder ein in den Zustand der entspannten Autosuggestion, bis Sie der Schlaf umfängt.

Morgens beim Erwachen kurze Wiederholung der abendlichen Suggestion und Zielsetzung, dann atmen, gymnastische Übungen, bürsten, waschen und frottieren des ganzen Körpers leiten den Tag des Hermetikers ein. Anschließend genießt er in Ruhe sein bewusstes Frühstück, ehe er seine Tätigkeit nach Vortags festgelegtem Plan beginnt. – Ruhe – Gelassenheit – Harmonie erfülle Sie den ganzen Tag. Darum als Wichtigstes: Reißen Sie sich los von der eiligen Zeit unserer profitwütigen Tage! Dies, im Rohbau, der Tagesablauf des Hermetikers. Und noch eines: Lernen Sie schweigen, denn im Schweigen liegt Macht. Bezwingen Sie Ihr Mitteilungsbedürfnis gegenüber dem Mitmenschen. Ihre magische Schulung muss geheim bleiben. Es sei denn, es handle sich um einen Gleichgesinnten, um einen aufrichtig Strebenden. Prüfen Sie von nun an jedes Ihrer Worte. Pläne werden zunichte, gibt man sie vorzeitig preis. Eine alte Erfahrung.

Gedankenzucht im Alltag

Wenig wäre praktisch damit gewonnen, erstreckte sich die Meisterung unseres Gedanken- und Gemütslebens bloß auf die gegebenen Übungen. Unausgesetzt müssen Sie Ihr Denken und Fühlen beherrschen, um frei zu werden von leidenschaftlichen Gedanken. Nicht länger dürfen Sie Sklave minderwertiger Regungen sein. Bekämpfen Sie noch entschlossener denn je die Parasiten Ihres Astralkörpers. Hinweg mit dem Schreckgespenst der Verzweiflung! Weg mit den kräfteverzehrenden Vampiren. Pflegen Sie gehaltvolle, hochgeistige Ideengänge. Und immer wieder: Lassen Sie es an der nötigen **Geduld**, an hinreichendem Fleiß nicht fehlen. Wir aber wollen mit unserer Zeit haushälterisch zu Werke gehen und das Exerzitium der Geduld mitten ins praktische Leben verlegen:

- Die Bahn kommt. Sie warten geduldig, rhythmisch atmend, harmonischen Gedankengängen nachhängend.
- Sie sind mitten im Gedränge. Masse Mensch tobt. Sie bleiben ruhig. Lächeln überlegen.
- Ein unangenehmer Zeitgenosse belästigt sie. Gelassen hören Sie ihm zu, sagen ihm notfalls entschieden Ihre Meinung, bleiben aber höflich, ohne die Spur von Erregung und Nervosität usw.

Aberhundert Beispiele werden Sie mühelos selber finden, vom verlorenen Manschettenknopf, verknoteten Schnürsenkeln bis zu einschneidenden Ereignissen. In jedem Falle: Beherrschen Sie Ihre Gedanken. Zügeln Sie Ihre Gefühlswallungen. Vermeiden Sie Disharmonien. Bewahren Sie stets Ruhe, Geduld, Gleichmut!

Unterbewusstsein

Unerlässlich für die Beeinflussung des Unterbewusstseins ist das positive, gefühlsbetonte, plastische Denken: Die Vorstellungskraft also, seit jeher Grundpfeiler magischen Wirkens. Der Gedanke erschafft Dinge, aufbauender – elektrischer – wie zerstörender – magnetischer – Natur! Das Unterbewusstsein ist als neutrale Kraft zu betrachten, die gemäß unserem Denken reagiert. Sie macht die Seele matt, den Körper krank, treibt uns in die Polypenarme der Verzweiflung, verstrickt uns in die Fänge der Gewohnheiten; allein diese zerstörende Gewalt kann auch heilen, Leib, Seele und Geist veredeln, sofern weise Denkart ihre Zügel lenkt. Weder gut noch böse sind die Strebungen des Unterbewusstseins. Unser Denken macht diese erst zu Engeln oder Dämonen. Die Funktionen des Körperhaushaltes, die rätselhaften Traumabläufe, Ahnungen, Instinkte, sie alle stehen unter ihrer Leitung. Desgleichen gehen auf ihr Konto seelische Komplexe, Neurosen, Psychosen, Fehlleistungen, Zwangsvorstellungen. Zweipolig ist der Mensch. Engbegrenzt, ohnmächtig, klein, bedeutungslos das hirngebundene Ich, übermächtig, titanenhaft das geheimnisvolle „göttliche Es". Die Tiefenpsychologie erkennt ein Unbewusstes, das vom Verstande her nicht angegangen werden kann. Bewusstseinsreiche tragen wir in uns, die im gemeinsamen Unbewussten münden, woran die gesamte Menschheit teil hat. Seelenschlünde in uns greifen über in das Bewusstsein der Allnatur, in das Reich der Urbilder Akashas. In ständiger Verbindung demnach sind wir, wenn auch unbewusst, mit den schöpferischen Urideen. Damit hat der Tiefenpsychologe nicht wissend den ersten Schritt getan, sich der Ideenwelt des Hermetikers zu nähern. Das große Kollektiv, das uns allesamt verbindet, ist wesenseins mit dem All-Bewusstsein Gottes.

Autosuggestion (Selbstbeeinflussung)

Es gibt keine einfachere Methode, zu dem magischen Nachtpol in uns vorzustoßen, um unsere Leistungsfähigkeit zu steigern, als die Autosuggestion. Gehorsam vollzieht das Unterbewusstsein jeden ihm richtig zugeleiteten Befehl. Wir müssen uns nur im Klaren sein, was sich in jenen Tiefenschichten gestalten soll. Gemäß unserem Ruf wird uns geantwortet. Wie wir diktieren, so ist sein Handeln. Es fragt nicht nach Gründen, nach Logik, nach ethischer Wertung. Ein Roboter, ohne Überlegung, ohne Gewissen; von unschätzbarem Gewinn jedoch, für denjenigen der es versteht, ihn weise zu lenken, die gebändigte Kraft in die rechten Kanäle zu leiten.

Einflussnahme auf Körper, Seele und Geist

Stellen wir nun das Walten des Unterbewussten in den Dienst der Selbsterziehung. Körperliche Gesundung, physische Kräftigung; Einflussnahme auf Stimmungen, Eindrücke, kurz Harmonisierung des Charakters: Das sind die Ziele, die wir uns jetzt setzen. Freilich wenige nur erreichen in diesem Leben schon das Hochziel: Den magischen Ausgleich. Mag dieses ideale Ziel noch so fern liegen, unverrückbar müssen wir es dennoch im Auge behalten.

Gehen wir mit der Suggestion wie mit der Entspannung, dem Kraftatem, bewusstem Essen, Magie des Wassers und den anderen uns geläufigen Praktiken Hand in Hand, so ist der Erfolg um so sicherer. Selbst Müdigkeit, Erschöpfung, Schmerzzustände schwinden durch den richtig formulierten Selbstbefehl.

Sprechen oder denken Sie diese Sätze leise, monoton in sich hinein. Am besten, wir versinken sodann in Schlaf und wiederholen beim Erwachen sofort den Selbstbefehl aufs neue. Hierin liegt das Geheimnis jeder Selbstbeeinflussung. Prägen Sie von nun ab Selbstbefehle zur Erlangung des seelischen **Gleichgewichtes**. Stellen Sie sich das Gewünschte so plastisch wie nur möglich vor, nicht bloß in Gedanken. Gefühl und Empfinden seien stets daran beteiligt. Unlust, Bedrückung, Melancholie und Depression begegne man durch Hinwendung auf die entgegengesetzte Seelenhaltung. Suggerieren Sie individuell.

Kleiden Sie den Selbstbefehl stets in Worte, die Ihnen etwas sagen. Mit der Zeit werden Sie auch z. B. über körperliches Leiden Herr und selbst im Falle ernstlicher Erkrankung unterstützt energiegeladene Autosuggestion die Bemühung des Arztes. Vorteilhaft ist es, bei Selbstbefehlen, die auf körperliche Gesundung zielen, bewusst Lebenskraft einzuatmen oder die anderen uns geläufigen Praktiken mit einzubeziehen wie Eucharistie, Magie des Wasser usw. Wer fleißig in dieser Hinsicht an sich arbeitet, zuversichtlich glaubt, der wird gar bald den Erfolg sehen.

Meditation zur Charakterveredlung

Weit mehr noch müssen wir bestrebt sein, die unserem Charakter anhaftenden Mängel auszumerzen. Unser Seelenspiegel zeigt, woran es mangelt. Viel Geduld zweifellos wird es bedürfen, ehe ein Fehler gänzlich verschwindet. Aber seien wir unerbittlich ehrlich zu uns, denn unser Ziel ist es, ein seelisch ausgeglichener Mensch zu werden.

Jeder richte sich nach seinem individuellen „Seelenspiegel" und beginne an unterster Rubrik an sich zu arbeiten. Mit dieser, nennen wir es ruhig „Magie des suggestiven Wortes", arbeiten verschiedene esoterische Kreise und erzielen beachtliche Fortschritte sowohl in ihrer seelischen Entwicklung, als auch in der Harmonisierung ihres Charakters. Zugegeben, es bedarf einer gewissen Ausdauer. Nicht eher dürfen wir nachlassen, bis anstelle des bekämpften Charakterzugs die erwünschte gegenteilige

Eigenschaft erreicht wurde. So wie beim Selbstbefehl lenken wir unsere Gedanken während der Meditation auf den harmonischen Gegenpol. Unerlässlich für das Gelingen ist die Belebung des Wortes. Denken wir Ruhe, dann muss unser ganzes Wesen auch wirklich Ruhe atmen, wir selbst müssen diese Ruhe sein. Unbändige Kraft muss uns durchströmen, wenn wir das Wort Willensstärke in uns hineinsprechen. Versenken wir uns in den Begriff Liebe, so muss unser gesamtes Wesen eins werden mit diesem das All erfüllenden Impuls. Niemals also darf das Wort bloßer Gedanke bleiben! Nur wenn die Macht der Idee während unserer Meditation voll zum Ausdruck kommt, erreichen wir den beabsichtigten Zweck. Aber nur, wenn wir bedacht sind auf Sauberkeit unserer Gedanken- und Gefühlsinhalte. Genau haben wir darauf zu achten, dass wir niederziehende Regungen sogleich im Entstehen abtöten. Als Grundregel wiederum: Ruhig liege oder sitze der Körper; Gedanken und Gefühle haben zu schweigen. Nur das eine von uns erwählte Wort sprechen wir unausgesetzt stumm in uns hinein, bis wir von der ihm innewohnenden Idee restlos ergriffen und geformt werden. Ruhiges Atmen hilft uns, den Körper zu bändigen und eine Ruhe im Bewusstsein zu erzeugen. Wir konzentrieren uns zu Beginn auf die zwanglos verlaufende Atmung. Erst wenn alles in uns schweigt, richten wir unsere volle Aufmerksamkeit auf das „Wort". Nunmehr darf uns nichts anderes als diese eine Vorstellung erfüllen. Die im Wort wirkende Idee muss uns ergreifen. Langsam, ganz allmählich lassen wir dieses beglückende Empfinden in uns abklingen und lenken sodann erneut unsere Aufmerksamkeit auf den ruhig fließenden Atem, ehe wir in den Tagesrhythmus übergehen, oder nachts in den Schlaf. Der Zeit des Sonnenaufganges wird ein außerordentlich günstiger Einfluss auf alle Versenkungszustände zugeschrieben. (Zur Meditation siehe „Das goldene Blatt der Weisheit").

Gedanken zur esoterischen Lebensführung

Wie viel an Zeit der esoterischen Arbeit geopfert werden kann, beurteile jeder selbst. Jeder muss seinen eigenen Rhythmus finden. Vielfach hemmen berufliche oder sonstige persönliche Verpflichtungen. Jedoch wer ernstlich will, wird alle Hindernisse überwinden.

Zielplanung, Rückblick, Vorschau nach jedem abgeschlossenen Tag, jeder Woche, jedem Monat sind die Meilensteine, welche die Richtung weisen. Keinesfalls wird verlangt, Übelstände widerspruchslos hinzunehmen oder gar gutzuheißen. Dies tun, leider Gottes, nur zu viele, aber objektiv hassfrei müssen Sie dem Negativen dieser Welt entgegentreten. Eine schwere Kunst, die hart und lang geübt sein will. Wem von uns fällt sie leicht? Mangel, Verlust, Fehlschlag sind Materialisation negativer Gedankenbilder und egoistischer Taten. Seien Sie also nicht empört, stößt Ihnen „unverschuldet" Missgeschick zu. Forschen Sie lieber nach der geistigen Ursache. Sicherlich liegt diese begründet in einer falschen Einstellung zu den Dingen. Positive Gedankenhaltung schützt nur dann, wenn selbstlos, bar verwerflicher Absichten Ihr Sinnen und Trachten ist. Damit hängt die Vergänglichkeit aller irdischen Werte zusammen. Zwecklos, leidvoll ist es, an äußeren, nutzlosen Dingen festzuhalten. Das Leben verrinnt im dahinrasenden Strom der Zeit. Bleiben wir dessen eingedenk. Innere Zufriedenheit in allen Lebenslagen. Gelassen bleiben bei Verlust, Enttäuschung, Schmerz. Lerne Leid und Lust gleichmütig zu tragen. Ein gewiss nicht leicht zu erfüllendes Gebot. Jeder, der ehrlich ist, wird es zugeben. Sorgen Sie sich nie um kommende Dinge, denn die Zukunft kennen weder Sie noch können Sie diese bestimmen. Demnach sind unsere Sorgen, Ängste, Befürchtungen abwegig, hinfällig.

Das Urgesetz ist Harmonie! Und nur eine Sünde gibt es: Die Störung dieses göttlichen Gleichgewichtes. Was aber ist das Gleichgewicht? Das rechte Maß! Jedes Zuviel, jedes Zuwenig zerreißt in grellem Ton die Melodie der Ur-Rhythmik.

Lebensformung Tatgeworden!

Noch mehr gilt es, der Masse Mensch zu entwachsen, vollends dem Gros zu entrinnen. Ein kühnes Steigen, Gipfel locken, Abgründe schrecken nicht mehr. Angesagt ist dem Strebenden der Kampf. Nicht gutwillig weichen seine Feinde, die Herrscharen der „Dämonen". Mit Tücke versucht der Herr der Finsternis die wankende Herrschaft zu festigen, mit Ängsten, Drohungen, mit Lockungen und Lüsten aller Art. Unzählig die Fallstricke, die den umlauern, der sich erkühnt, dem Tross der Erdenknechtschaft zu entrinnen. Der Herr der Welt, – Baphoment – der Gott der Materie, der Illusion, des Scheins, gibt so leicht seine Herrschaft nicht preis. Mit Recht auf das er pocht.

Jeder von uns hat empfunden, wie schwer, wie undurchschaubar die Prüfungen sind, denen sich der Hermetiker gegenüber sieht, immer mehr den letzten Sinn begreifend. Mühevoll der Übertritt vom Vergänglichen zum wahrhaft Ewigen.

Ohne Feilschen muss der Preis entrichtet werden, den das Evolutionsgesetz verlangt. Jeder Geburt gehen Schmerzen voraus, aber auch die „Lust" der Zeugung. Nicht anders bei der Geburt des neuen Menschen. Notwendiges Stadium der Entwicklung, mehr darf uns das Vergangene nicht sein, gesetzmäßiger Ablauf reifenden Karmas, der die Hürde freigab für unser derzeitiges Werden. Aber der Lohn ist tausendmal gewaltiger als man sich vorstellen kann und entschädigt jegliches Leid.

Was tun, wenn unerwartete Umstände drohen, die einiges über den Haufen werfen? Dann eben wendig werden, flexibel sein! Nie zu starr sich an ein Vorhaben klammern, stets die Verhältnisse mit einbeziehen. Am Ziel freilich darf nichts geändert werden, sofern es einmal als richtig erachtet wurde; doch was zu dessen Verwirklichung führt, sei stets der geänderten Lage angepasst. Nur zu viele scheitern hier, missachtend dieses oder jenes Steinchen, dessen Form oder Farbe ihnen missfällt. Vielleicht erscheint es ihnen überflüssig in seiner Winzigkeit. Zu spät erst merken sie, dass gerade deshalb aus dem Mosaik nichts werden konnte. Und alles bloß wegen einiger winziger Steine. Sei dies uns eine Lehre.

Müdigkeit, Indisposition, unerwartete Besuche und wie die faulen Ausreden sonst heißen mögen, haben für uns am Ende dieses Lehrganges endgültig auszuscheiden. Sind wir wirklich müde, dann entspannen wir uns eben und „laden" uns entsprechend auf. Wozu kennen wir die vielen Übungen? Unerwartete Störung schaffen wir uns höflich, notfalls energisch vom Hals. Wir sollten ja die Listen des Faulpelzes in uns kennen, seinen inneren Schweinehund im Seelenspiegel vorfinden. Schlagartig gehen wir dagegen an.

Wichtig ist, ständig etwas für Körper, Seele und Geist zu tun. Geistiger Fortschritt gelte uns mehr als materielle Erfolge. Mögen die esoterischen Ziele bei jedem entsprechend Beruf, Familie und sonstige Begleitumstände anders sein, dennoch sind Richtlinien als Basis des äußeren Lebensablaufes möglich. Egal, wo immer wir unsere Aufgabe zu erfüllen haben, jederzeit können wir aus der esoterischen Weltanschauung Nutzen ziehen. Sei es durch erhöhte Konzentration bei unserem Tun im Berufsleben, durch ausschalten der Gedanken, Übergehen in den Entspannungszustand innerhalb kürzerer oder längerer Arbeitspausen, durch vermehrte Kraftzufuhr dank der Lebenskraftatmung, durch Vermeidung von Hast, Ärger, Aufregung, also durch größere Selbstbeherrschung als ehedem, und richtige Menschenbehandlung.

Achten wir auf alles, was an uns herangetragen wird; denn in Symbolen spricht das Leben. Da kommt uns ein Einfall, Wichtiges ist zu notieren. Ein Griff und schon besitzen wir schwarz auf weiß die Frucht unterbewusst schaffender Inspiration. Ist das nicht Führung? Die Führung zu Gott?

2. Interessantes vom hermetischen Orden der *„Goldenen Dämmerung"*

Über die Führung und Reinigung der Seele

Zunächst, oh Practicus unseres alten Ordens, lerne, dass wirkliches Gleichgewicht die Grundlage der Seele bildet. Hast du selbst keine sichere Grundlage, worauf willst du dann stehen, um über die Kräfte der Natur zu gebieten? Sodann wisse, dass der Mensch, inmitten der Dunkelheit der Natur und des Kampfes widerstreitender Kräfte in diese Welt geboren, zuerst danach trachten muss, durch seine Versöhnung das Licht zu suchen. Der du also Versuchungen und Schwierigkeiten in deinem Leben erleidest, frohlocke, denn in ihnen liegt Kraft, und durch sie wird der Pfad ins göttliche Licht hinein geöffnet. Wie sollte es anders sein, oh Mensch, dessen Leben nur ein Tag in der Ewigkeit ist, ein Tropfen im Ozean der Zeit? Wären die Versuchungen nicht so viele, wie könntest du anders deine Seele von den irdischen Schlacken reinigen? Ist das höhere Leben nur heute voller Gefahren und Schwierigkeiten? Ist es für die Heiligen und Hierophanten der Vergangenheit nicht schon immer so gewesen? Sie wurden verfolgt und geschmäht, und die Menschen haben sie gequält. Doch ist dadurch ihr Ruhm nur um so größer geworden. Darum frohlocke, oh Eingeweihter, je schwerer deine Prüfung, um so leuchtender wird dein Triumph. Wenn die Menschen dich schmähen und dich belügen, sagte dazu nicht der Meister: „Sei gesegnet." Doch lasse, oh Practicus, deine Siege nicht zu deiner Eitelkeit führen, denn mit zunehmendem Wissen sollte auch deine Weisheit zunehmen. Der nämlich wenig weiß, glaubt, er wisse vieles. Der aber vieles weiß, hat seine Unwissenheit kennengelernt. Siehst du einen Menschen, der sich einbildet, weise zu sein? Für einen Narren gäbe es größere Hoffnung als für ihn. Verurteile nicht leichtfertig eines anderen Sünde. Woher weißt du, dass du an seiner Statt der Versuchung widerstanden hättest? Und selbst wenn es so sei, warum solltest du den verachten, der schwächer ist als du? Darum sei dessen gewiss, dass in Verleumdung und Selbstgerechtigkeit Sünde liegt. Vergib also dem Sünder, aber stärke die Sünde nicht. Der Meister verurteilte die Ehebrecherin nicht, aber er ermutigte sie auch nicht zu ihrer Sünde.
Versichere dich darum, der du nach magischen Fähigkeiten trachtest, dass deine Seele fest und standhaft ist; denn der Böse bekommt Macht über

dich, indem er deiner Schwäche schmeichelt. Demütige dich vor deinem Gott, doch fürchte weder Geist noch Mensch. Angst bedeutet Versagen und geht dem Versagen voraus. Mut hingegen ist der Anfang der Tugend. Fürchte darum nicht die Geister, sondern behandle sie fest und höflich, denn auch das kann dich in Sünde führen. Gebiete den bösen Mächten und banne sie. Verfluche sie bei den Namen des großen Gottes, wenn es sein muss, aber spotte ihrer nicht, noch schmähe sie, denn das führt dich gewiss in den Irrtum. Ein Mensch ist, was er innerhalb der Grenzen seines angeborenen Schicksals aus sich macht. Er ist ein Teil der Menschheit. Daher berühren seine Taten nicht nur ihn selbst, sondern auch jene, mit denen er in Kontakt kommt, zum Guten oder zum Schlechten. Verehre den physischen Körper nicht, noch vernachlässige ihn. Er stellt deine zeitweilige Verbindung zur äußeren und materiellen Welt dar. Stelle darum dein geistiges Gleichgewicht über die materiellen Störungen. Halte die tierischen Leidenschaften zurück, und nähre die höheren Ziele. Durch Leiden werden die Emotionen geläutert. Tue Gutes an anderen um Gottes willen, nicht für eine Belohnung und weder um ihrer Dankbarkeit noch ihrer Zuneigung willen. Bist du großzügig, so lasse deine Ohren nicht durch Ausdrücke des Dankes betören. Denke daran, dass Kräfte ohne Gleichgewicht böse sind und dass Strenge ohne Gleichgewicht nur Grausamkeit und Unterdrückung bringt, dass aber auch Gnade ohne Gleichgewicht nur Schwäche ist, die das Böse zulässt und unterstützt. Ein wirkliches Gebet ist über das Wort hinaus auch Handlung und Äußerung des Willens. Die Götter werden für den Menschen nicht das tun, was seine höheren Kräfte selbst vermögen, wenn er Wille und Weisheit pflegt. Erinnere dich daran, dass diese Erde nichts ist als ein Atom im Universum, und du bist ein Atom darauf. Du könntest sogar die Gottheit dieser Erde werden, auf welcher du kriechst, und wärest immer noch ein bloßes Atom unter vielen. Habe dennoch die größte Achtung vor dir selbst, und darum sündige nicht gegen dich. Die Sünde, welche nicht vergeben wird, ist die absichtliche und bewusste Ablehnung der geistigen Wahrheit, doch hinterlässt jede Sünde und jede Handlung eine Wirkung. Um magische Kraft zu erlangen, lerne die Gedanken kontrollieren. Lasse nur wahre Vorstellungen zu, die im Einklang mit dem angestrebten Ziel stehen, nicht aber ablenkende oder gegensätzliche Ideen, die sich einmischen mögen. Gerichtete Gedanken sind ein Mittel zum Zweck. Schenke darum der Kraft des stillen Gedankens und der Meditation Aufmerksamkeit. Die materielle Handlung ist nur ein äußerer Ausdruck des Gedankens, und darum ist gesagt worden, dass ein Gedanke aus Narrheit Sünde ist. Der Gedanke ist der Beginn der Tat. Wenn schon ein zufälliger Gedanke einige Wirkung nach sich ziehen kann, was kann dann nicht alles ein gerichteter Gedanke bewirken? Darum gründe dich fest im Gleichgewicht der Kräfte, wie es bereits gesagt wurde, im Zentrum des Kreuzes der Elemente, jenes Kreuzes, von dessen Mitte bei der Geburt des heraufdämmernden Universums das schöpferische Wort ausging. Wie dir im Grade des Theoricus bereits gesagt wurde: „Sei darum flink und tätig wie die Sylphen, meide aber Leichtsinn und Launenhaftigkeit. Sei kraftvoll und stark wie die Salamander, aber meide Reizbarkeit und Heftigkeit. Sei flexibel und aufmerksam für Bilder wie die Undinen, aber vermeide Müßiggang und Wechselhaftigkeit. Sei fleißig und geduldig wie die Gnome, aber meide Plumpheit und Gier." So sollst du allmählich deine Seelenkräfte bilden und dich darauf vorbereiten, über die Geister der Elemente zu gebieten. Wolltest du nämlich die Gnome beschwören, damit sie deiner Habsucht dienen, würdest du nicht ihnen befehlen, sondern sie dir. Wolltest du die reinen Geschöpfe aus Gottes Schöpfung missbrauchen, um deine Taschen zu füllen und deine Sucht nach Gold zu befriedigen? Würdest du die Geister des treibenden Feuers entweihen, um deinem Zorn und Hass zu dienen? Würdest du der Reinheit der Wasserseelen Gewalt antun, um deiner Wollustund deinen Ausschweifungen zu Willen zu sein? Würdest du die Geister des Abendwindes zwingen, deiner Narrheit und deinem Leichtsinn beizustehen? Wisse, dass du mit solchen Wünschen nur das Böse, nicht aber das Gute anziehen kannst. Und das Böse wird dann Macht über dich gewinnen. In der wahren Religion gibt es keine Sekte. Siehe dich darum vor, dass du nicht den Namen lästerst, unter dem ein anderer seinen Gott nennt, denn wenn du dieses bei Jupiter tust, dann lästerst du JHVH, und bei Osiris Jeheshua.

„Bittet Gott, und euch wird gegeben. Suchet, so werdet ihr finden. Klopfet an, so wird euch auf getan."

*

Da zum Ausgleich unbedingt die Elemente notwendig sind, gab Mathers seinen Schülern auch Meditationsübungen über die 4 Tattwas:

Vierte Meditation

Der Practicus soll über die Symbole des Rhomboids (Raute) und der Blase meditieren. Er möge ihre Bedeutung und Entsprechungen herausfinden. Er soll das Symbol des Merkur und die Zahl 8 kontemplieren. Jetzt soll er lernen, seine Gefühle zu kontrollieren, auf keinen Fall Ärger zuzulassen, Hass oder Eifersucht, sondern die Kraft, die er sonst dafür verbrauchte, auf das Erreichen der Vollendung lenken, damit der Malariasumpf seiner Natur zu einem klaren und reinen See werde, der das göttliche Wesen wahrhaftig und ohne Verzerrung spiegeln kann. Er soll sich selbst mit den Mächten des Wassers identifizieren, über die Wasser-Dreiheit in allen ihren Aspekten nachdenken, über ihre Zuordnungen und Entsprechungen. (Entnommen: I.Regardie – Der magische Orden der Goldenen Dämmer- ung) Selbst Crowley, der normalerweise die Magie durch seine theatralischen Worte bis zu Unkenntlichkeit verdrehte, nimmt den gleichen Text, wie Mathers oben geschrieben hat, für seine Schüler zur Erklärung des Weges.

3. Der Seelenspiegel der Hermetiker

„Ich glaube, dass auf diesem Gebiet große Missverständnisse entstanden sind und ich will dieses Thema noch einmal beschreiben. Man beginnt immer im dunklen Spiegel zu arbeiten, zu kämpfen. Ich nenne es den „heiligen Krieg", um die Terminologie des Islam zu benutzen! Wir müssen in allen 4 Elementen einen Ausgleich schaffen. Wichtig hierbei ist, Eigenschaften, die zu nichts zu gebrauchen sind, abzutöten, wie z. B. Hass, Neid, Eifersucht, Untreue, Habgier, Verdorbenheit, Grausamkeit usw. Dagegen Dinge wie Angst, Lüge, Aggressivität und andere Eigenschaften sind zu beherrschen, aber nicht auszulöschen. Haben wir diese Dinge vollkommen unter unserer Kontrolle, so passen wir den weißen Seelenspiegel dem dunklen an, indem wir gute Eigenschaften hinzunehmen, oder aber auslöschen. Dies wird von Fall zu Fall unterschiedlich sein. Also der Wahrheitsfanatiker wird die Wahrheit abbauen, der Furchtlose trainiere ein wenig die Angst. Egal wie, letztlich muss jedes Element im Plus und Minus gleich sein. Das nennen wir magisches Gleichgewicht. Und nun kommt Akasha ins Spiel. Akasha selbst ist ja der Ausgleich, dies ist ein kosmisches Gesetz. Die Denk- und Handlungsweise wird nun Akasha regeln, ob im Positiven oder Negativen, unser Handeln wird immer richtig sein, weil unser Unterbewusstsein gleich unserem Bewusstsein nun von höheren Prinzipien geleitet wird. Der Mensch ist dann auch nicht mehr fähig, etwas falsches zu denken. Nur ist gerade in der ersten Zeit der Tempel Salomons noch angreifbar durch Schicksalsschläge und anderes. Erst wenn wir alle 4 Pfeiler sehr fest haben, kann uns das Schicksal nicht mehr so berühren. Nun kommt noch ein anderer Faktor dazu, nämlich die Vergöttlichung, sonst wäre es ja kein Tempel. Wir nehmen den weißen Seelenspiegel und greifen zu den Eigenschaften, um uns unserer persönlichen Gottheit von den Untersten bis zu den Höchsten, Stück für Stück zu nähern. Wir gehen wie folgt vor: Nehmen wir das Feuerelement, so beginnen wir z. B. über die Tapferkeit zu meditieren, denn wir besitzen sie ja. Dann den Mut, den Glaube, den Willen. Zum Schluss über alle diese Eigenschaften in verbindender Form. Es wird nicht lange dauern, bis sich die Allmacht nähert, und die ist die erste Verbindung mit Gott. Wir werden das Bild oder die Statue nehmen, um zu empfinden, wie diese Kraft darin ist. Von da an ist dieses Bild heilig, man verschließe es gut, weil da jetzt kein Mensch mehr die nötige Reife besitzt, dieses Bild anzuschauen. Das Ganze ist mit

den drei letzten Elementen ebenfalls zu tun. Dann erstrahlt der Tempel, in dem Gott in allen Aspekten lebt. Es ist nicht ratsam, während des Alltags dies zu zeigen. Nur in der Ruhe werden wir diese Verbindung genießen dürfen. Dann wird uns die Intuition oder Inspiration ein täglicher Begleiter werden. Unser Weg steht unter einem göttlichen Schutz. Es ist eine schwere Arbeit mit dem Seelenspiegel, aber wie wir sehen, lohnt es sich! Alle Dinge werden von der Gottheit getragen, so der Mensch, auch wenn er es nicht zeigt, um seine Größe nicht preis zu geben!", – sagte Anion zu uns!

In der okkulten Literatur findet man hierüber leider sehr wenig Informationen. Über dieser Art der Magie – die Verbindung mit der Gottheit – wird nicht viel gesprochen. Das einzige was ich gefunden habe stammt von Frater Eratus Logenschrift „Einweihung":
„Wer bin ich?", ist auch hier die erste Frage auf dem mystischen Werdegang. Als wichtigste Voraussetzung wird gefordert: „Wachsein!"
„Sei wach bei allem was Du tust", so heißt es, „denn keiner ist wach, der da lebt."
Zur Erreichung dieses Zustandes wird zu folgendem Experiment geraten: Man stelle sich fest hin und denke mit stärkster Konzentration: „Jetzt bin ich wach!"
Des Weiteren:
1. Zähmung des Körpers: Aufrecht hinsetzen (Ägyptischer Sitz) Absolut regungslos! Nicht die allerleiseste Regung ist dem Körper gestattet.
2. Zähmung der Gedanken: Bezwingung ihres tollen Hin und Her. Einziges Mittel ihnen Herr zu werden ist – nach MEYRINK – die Flucht in ein höheres Wachsein. Wie das zu erreichen ist, das freilich muss jeder selber erlernen. Es ist ein immerwährendes Tasten mit dem Gefühl und ein eiserner Entschluss zugleich.

Aber auch im Osten werden solche Übungen praktiziert. Das beweist der bekannte Yogi Shivananda in seinem Buch „Übungen zu Konzentration und Meditation" im Kapitel über „Meditation über die Zwölf Tugenden", ohne große Erklärung dazu. Da dies auch mit dem Seelenspiegel zusammenhängt, wird es hier nicht unberücksichtigt gelassen:
„Meditiere zehn Minuten am Tag über diese 12 Tugenden:
   Demut im Januar,
   Freimütigkeit im Februar,
   Mut im März,

19

Geduld im April,
Barmherzigkeit im Mai,
Großzügigkeit im Juni,
Lauterkeit im Juli,
Reine Liebe im August,
Großzügigkeit im September,
Vergebung im Oktober,
Gleichmut im November,
Zufriedenheit im Dezember.

Meditiere auch über Reinheit, Ausdauer, Fleiß, Aufmerksamkeit, Fröhlichkeit. Der Schüler muss sich einbilden, dass er diese Eigenschaften besitzt, und sich sagen: Ich bin geduldig. Ich werde mich von nun an nicht mehr aus der Ruhe bringen lassen. Ich werde diese Tugend im täglichen Leben beweisen und mache schon Fortschritte. Er muss an die Vorteile dieser Tugend der Geduld denken und an die Nachteile der Reizbarkeit. Der geistige Weg ist hart, dornig und steil. Der Fuß mag müde und wund werden. Das Herz mag schmerzhaft schlagen. Die Belohnung aber ist wunderbar: Sie ist die Unsterblichkeit. Darum muss man ausharren und mutig weitergehen. Doch sei immer auf der Hut, geschickt und schnell wie ein Eichkätzchen. Es gibt auf dem Wege Plätze zum Ausruhen. Lausche leise der inneren Stimme. Sie wird dich führen, wenn du rein und standhaft bist", sagen die Orientalen, aber mehr wird nicht verraten . . .

Der französische Okkultist Eliphas Levi erklärt uns dazu folgendes: „Will ich eine Maus fangen, muss ich zur Katze werden, will ich eine Katze bezwingen, muss ich verliebter Kater sein, und will ich eine Antilope schlagen, muss ich zum Löwen imaginieren, dessen Gebrüll schon den Lauf des Opfertiers lahmt." – Das ist zwar sehr symbolisch, aber wer denken kann, findet den tieferen Sinn dieser Worte sofort heraus.

4. Der quabbalistische Lebensbaum

Selbst die hermetische Symbolik des Lebensbaum ist nicht nur ein Hinweis auf alle 78 Tarotkarten, sondern versinnbildlicht auch den elementaren Ausgleich, den wir das magische Gleichgewicht nennen. Wieso das so ist, das erklärt am besten Dion Fortune in ihrem Werk „Die mystische Kabbala":

„Es ist interessant, dass die Sephirah der Schönheit – Tiphereth – der Mittelpunkt oder Gleichgewichtspunkt des gesamten Baumes ist und dass eine der ihr zugeordneten spirituellen Erfahrungen in der Vision der Harmonie der Dinge liegt. Das gleicharmige Kreuz, wie wir es zum Beispiel beim Roten Kreuz und im medizinischen Bereich der Armee finden, wird von den Eingeweihten als Kreuz der Natur bezeichnet und stellt die Kraft im Gleichgewichtszustand dar."

Das Weitere betrifft das ausgleichende Kreuz, welches auch die Rosenkreuzer für ihre Symbolik gebrauchten. Aber etwas später erklärt sie etwas genauer, dass, „die Einteilung in die drei Säulen die erste und gleichzeitig augenfälligste Unterteilung des Baumes ist und erinnert uns sofort an die drei von den Yogis beschriebenen Kanäle des Prana: Ida (magnetisches Fluid), Pingala (elektrisches Fluid) und Sushumna (Akasha), an das Yin und Yang in der chinesischen Philosophie und an das Tao oder den Weg, der das Gleichgewicht zwischen ihnen herstellt. Diese Tatsache ist durch übereinstimmende Zeugenaussagen belegt, und wenn wir, wie hier, auf die völlige Übereinstimmung von drei großen metaphysischen Systemen treffen, können wir daraus schließen, dass wir es mit anerkannten Prinzipien zu tun haben, die wir auch als solche betrachten sollten."

Man muss bei ihr nur zwischen den Zeilen lesen, um das Geschriebene richtig zu verstehen. Man darf auch nicht vergessen, dass sie als Grundlage die Lehren des Golden Dawn nahm. Im weiteren geht sie mehr auf die Elemente ein und mit ein wenig Fantasie blickt man wunderbar dahinter:

„Wie im Kapitel über Kether erwähnt, gehört zu den vier Sätzen des Tarot jeweils ein Element, und die vier Asse symbolisieren die Wurzeln der Kraft, die das jeweilige Element auszeichnen. Zu Chockmah gehören die vier Zweien, die das polarisierte Wirken dieser Elemente im harmonischen Gleichgewicht aufzeigen. Die Zwei ist deshalb immer eine Karte der Harmonie. Die Zwei der Stäbe gehört zum Element Feuer und heißt Herr der Herrschaft. Der Stab ist grundsätzlich ein männliches Phallussymbol und gehört zu Chockmah. Deshalb können wir diese Karte als Sinnbild für die Polarisation betrachten, als Positives, das im Negativen seinen Gefährten gefunden hat und sich deshalb im Gleichgewicht befindet. Feindschaft und Widerstand gegen den Herrn der Herrschaft gibt es nicht. Ein zufriedenes Land akzeptiert seine Regentschaft. Binah akzeptiert ihren Gefährten, wenn sie dadurch erfüllt ist. Die Zwei der Kelche (Wasser) heißt Herr der Liebe, und wieder treffen wir auf das Konzept harmonischer Polarisation. Die Zwei der Schwerter (Luft) heißt Herr des wiederhergestellten Friedens, was impliziert, dass die störende Kraft der Schwerter sich vorübergehend im Gleichgewicht befindet. Die Zwei der Münzen (Erde) heißt Herr des harmonischen Wechsel. Auch hier finden wir, wie bei den Schwertern, eine Veränderung der grundsätzlichen Natur der Elementarkraft durch ihren polaren Gegensatz, wodurch ein Gleichgewicht erzeugt wird."

5. Was Douval hierüber berichtet

Auch er erwähnt am Rande die vier Elemente die nach bestimmten Gesetzen beherrscht werden. „Ihre Kenntnis und Befolgung macht das Wesen der Magie aus. Alle Übungen haben ihre Formung nach bestimmten Richtlinien und schließlich ihre Beherrschung zum Ziel!" – Nur tiefer geht er leider nicht.

„Dieser Prozess aber ist abhängig – wir betonen es immer wieder – von der geistigen Entwicklung des einzelnen und der aufgewendeten Zeit, Kraft und Intensität." – Wie man zu dieser geistigen Reife gelangt, erwähnt er schon, nur dass man den Seelenspiegel in die vier Elemente einteilt, lässt er unberührt. Er beschreibt den Charakterkampf folgender Maßen (Zusammengefasst aus „Den Büchern zur praktischen Magie"):

„Wir formulieren unseren Wunsch als Suggestion ausführlicher, und zwar als Suggestion, die wir uns morgens, unmittelbar nach dem Aufwachen, und abends, vor dem Einschlafen, geben. Diese Suggestionen lesen wir mit klarer, wenn auch gedämpfter Stimme vor uns hin, am besten noch in einer Art Halbschlummer, wenn die Müdigkeit uns noch hat oder schon umfängt. Am besten ist es, wenn wir diese Suggestion auswendig lernen und so oft als möglich auch tagsüber – zum Beispiel im Rhythmus des Schreitens auf dem Wege zur Arbeitsstätte und zurück – vor uns hinsprechen, flüstern, murmeln, in Gedanken durchgehen, besonders aber dann, wenn Missmut über uns zu kommen droht, Zweifel uns überfallen, Störungen auftreten wollen. Abends stellen wir uns oder setzen uns vor einen Spiegel, sprechen uns die Suggestionen zu: Beschwörend, eindringlich, empathisch, den ganzen Organismus durchrüttelnd. Im Dunkel setzen wir uns vor den Spiegel und versuchen, unsere Wünsche bildhaft-imaginativ zu verwirklichen, zu durchleben. Wir können hierzu eine halbe, eine ganze Stunde verwenden. Mit der Zeit gelingt es uns in immer höherem Maße, Bilder zu erzeugen und festzuhalten. Bei strahlendem Licht, bei den Klängen von Musik, die uns aufrüttelt und begeistert, gehen wir durch unser Zimmer und sprechen mit den Gestalten, die wir uns schaffen, so, als wären wir schon, was wir zu sein wünschen; wir sprechen und geben uns selber Antworten unseres Gegenüber, widerlegen seine Einwände, lassen unser Licht leuchten, d. h., wir brillieren mit Witz und Einfällen, mit Charme und Diplomatie, mit Gewandtheit und Ritterlichkeit. Wir gehen möglichst jeden Tag einmal in die Gedankenstille und lassen auch da die Bilder unserer

Phantasie aufleuchten, sprechen unsere Suggestionen vor uns hin. Damit hier keine Missverständnisse entstehen: Gedankenstille, wie wir sie verstehen, ist neutral, ein Vakuum, ohne Gedanken. Wir müssen also vor Eintritt der Stille dem Vakuum Richtung geben, d. h. unsere Imaginationen und Suggestionen wirken lassen. Wir stellen uns morgens und abends vor das offene Fenster, machen unsere Atemübungen und saugen beim Einatmen die Bilder unserer Vorstellung mit dem Prana in uns hinein, beleben unsere Imaginationen mit ständig stärker werdenden Odströmen, die wir in uns erzeugen, durch uns pulsen lassen. Vor ganz schweren Entscheidungen oder besonders schwierigen Aufgaben gehen wir auch in die äußere Stille, in die Einsamkeit, vielleicht gelegentlich eines Urlaubs. Auch eine Erkrankung kann man in dieser Weise einspannen, aus Schmerz und Leid Erfolg formen.

In dieser selbstgewählten Einsamkeit befreien wir uns vollkommen von allen Bindungen, die uns bisher fesselten; wir beschäftigen uns, je nach Neigung und Einstellung, mit Gebet, Gedankenstille, Fasten. Wir schaffen zum Schluss unserer selbstgewählten Klausur tiefe Ruhe, Kraft und ein Vakuum in uns, das wir nun erfüllen mit den zuvor erwähnten Suggestionen und Imaginationen, um im Anschluss daran an die eigentlichen Übungen zu gehen."

„Diese Grundsätze, auf das tätige Leben angewendet, sagen nichts anderes, als schon zu lächeln, bevor wir heiter werden: Das ist die Bejahung, der grundsätzliche, schöpferische Optimismus, der allein Glückskinder entwickelt sich rein zu fühlen, voller magischer Kräfte, damit durch diese Einstellung die gewünschten Kräfte angezogen werden. In diesem Sinne entwickelt jede körperlich-sinnliche Vorstellung gleichgerichtete Kräfte im Innern des Übenden und in seiner Umwelt."

Dies ist eine hervorragende Einstellung, bei der einem nicht nur die Übungen besser gelingen! Den gleichen Tipp in allen Dingen optimistisch zu sein, gab mir Dr. M.K. in Brünn, als wir beim Kaffeetrinken uns unterhielten.

Recht interessante Tipps zum Ausgleichen gibt Douval in seinem Band „Wandlung des magischen Menschen" und möge jeder Leser selbst seine Schlüsse daraus ziehen:

„a) Während der täglichen Atemübungen, unsere Wünsche – plastisch vorgestellt – atmen wir mit dem „Prana" (Od) ein, ausatmen wir alles Störende, Widerstrebende. Führen wir unsere Atemübungen in der Weise durch, dass wir eine Zeit lang den Odem zurückhalten und aufspeichern, dann speichern wir auch unsere Wunschvorstellungen mit auf, so den ganzen vielgestaltigen Organismus mit den Kräften erfüllend, die uns alle gewünschten, dem Ziel dienenden Dinge auf den Weg bringen.

b) Während der Meditationen, in der Entspannung, in der Konzentration, in der „Stille".

c) Während des Auf- und Abgehens in unserem Arbeitsraum. Wir sehen uns in der gewünschten Umgebung und bei der Tätigkeit, die wir ersehnen: Wir sprechen mit den Personen, die für uns von Wichtigkeit sind, hämmern ihnen unsere Anliegen und Wünsche ein. Musikklänge unterstützen, wie alle Harmonien und Rhythmen, diesen Vorgang ungemein. Auch nach einer erfreulichen Unterredung, einem positiv-aufwühlenden Erlebnis, geben wir uns den Imaginationen hin; ihre Wirkung verdoppelt sich auf diese Weise. Wir können auch große Gebärden anwenden; sind sie kraftvoll-harmonisch, ziehen sie Kräfte des Kosmischen an und unterstützen unser Planen.

d) Während einer Betrachtung vor dem Spiegel, im Dunkeln oder bei abgedunkeltem Licht: Je intensiv-plastischer unsere Vorstellungen im Spiegel erscheinen, um so schneller erfolgt die Materialisation unserer Wünsche.

e) Auch während des Ganges zur Arbeit oder auf dem Heimweg, ja, bei Spaziergängen über Wiesen, im Walde, können wir unsere Imaginationen betreiben, im Rhythmus der Schritte Suggestionen aufnehmen, uns dazu vorstellen, was uns nötig erscheint, verhandeln mit Persönlichkeiten, die uns helfen können, negative Einstellungen gegen uns in positive wandeln.

f) Besonders wichtig und fördernd sind imaginative Suggestionen vor dem Einschlafen und nach dem Erwachen, oder während der Mittagsruhe, wenn wir vielleicht träumend auf dem Ruhebett liegen. Übungsziele und praktisches Verhalten, Denken und Fühlen müssen übereinstimmen. Ich kann mir nicht mühsam das Prinzip eiserner Kraft und Gesundheit einpflanzen, und täglich Verbrechen gegen die Gesundheit begehen, ich kann in meinen Seelentiefen keine Ruhe verankern, wenn ich nach wie vor hetze und auf keinen Fall eine Straßenbahn versäumen will. Wir halten es für das Richtigste, wenn die Übungen a-f nacheinander durchgenommen und dann wiederholt werden, bis der gewünschte Erfolg eingetreten ist."

6. Bemerkenswertes von Dr. Steiner

Dass sogar Dr. Rudolph Steiner so genau über das magische Gleichgewicht schreibt, hätte ich niemals gedacht. Er sagt sogar wörtlich in seinem Buch „Die Sendung des Michaels", Dinge, die mich in Erstaunen versetzten: „Wir Menschen stehen mit unserem Seelenleben wirklich so, dass dieses Seelenleben wie ein Waagebalken ist, der das Gleichgewicht zunächst suchen muss zwischen dem luziferanischem (negativen) Element auf der einen Seite, dem ahrimanischen (positiven) Element auf der einen Seite."

„. . . Diese zwei Kräftepole sind im Menschen und zwischen denen steht das Menschenwesen, von dort aus hat es das Gleichgewicht zu suchen. Auf wie viele Arten kann man denn das Gleichgewicht suchen? Sie können sich das wiederum durch das Bild der Waage vorstellen. Auf wie viele Arten kann man denn das Gleichgewicht suchen zwischen zwei nach entgegengesetzten Richtungen ziehenden Polen? Nicht wahr, wenn hier auf der einen Waagschale fünfzig Gramm oder fünfzig Kilogramm sind, und hier auch, so ist Gleichgewicht. Aber wenn hier auf der Waagschale auch ein Kilogramm ist, und hier auf der anderen Waagschale auch ein Kilogramm, so ist auch Gleichgewicht, und wenn hier tausend und hier tausend sind, so ist auch Gleichgewicht. Auf unendlich viele Arten können sie das Gleichgewicht suchen. Das entspricht den unendlich vielen Arten, individueller Mensch zu sein. Daher ist es für den gegenwärtigen Menschen so wesentlich, einzusehen, dass sein Wesen in dem Streben nach Gleichgewicht zwischen den entgegengesetzten Polen besteht."

Doch nicht nur dies schrieb der Begründer der Antroposophie, sondern auch folgende in diesem Aufsatz von L. Deinhard aus dem „Zentralblatt für Okkultismus" enthaltenen Punkte. Möge der Leser das herausholen, was ihm auffindbar ist:

Die 4 Temperamente vom Standpunkt der Esoterik

„Im V. Kapitel von Dr. Ludwig Klages: „Prinzipien der Charakterologie" (Leipzig 1910. Joh. Ambrosius Barth) findet sich folgende die Entstehung der Lehre von den Temperaments-Unterschieden betreffende Stelle: „Der ursprüngliche Versuch des Aristoteles lief mit seiner Fixierung eines cholerischen und melancholischen Typus im Grunde hinaus auf die Psychologie der heute sog. Genialität und hat uns nichts als die beiden

26

Namen hinterlassen, die jetzt aber anders verstanden werden und schwer zu definieren sind. Dass man später zu ihnen zwei weitere Temperamente hinzu erfand, geschah nachweislich der pythagoräischen Vierzahl zu liebe und um eine psychische Analogie zu haben zur symbolisch gefassten Doppel-Antithese des Heißen und Kalten und des Flüssigen und Festen. Angesichts solcher Herkunft des Temperamente-Kleeblatts gibt das Festhalten selbst gelehrter Forscher an der Vierteilung der Gattungen einen merkwürdigen Beleg für die Abhängigkeit unserer Verstandesbemühungen von einmal geprägten Formen des Denkens, Insonderheit von der Herrschaft der Zahl, und wir begreifen die Fruchtlosigkeit des Beginnens, das die Temperamente wie eine bedeutungsbestimmte Geheimschrift betrachtet, zu der es den verloren gegangenen Schlüssel wiederaufzufinden gelte."

Soweit Dr. Klages. In diesen Sätzen sind ein paar dunkle, der Aufhellung bedürfende Punkte. Zunächst ist da von der pythagoraischen Vierzahl die Rede, oder wie wir sie nennen wollen, von der heiligen Tetraktis des Pythagoras. Was ist hierunter zu verstehen? Nichts anderes als – okkultistisch gesprochen – die untere Vierheit der sieben Grundbestandteile des Menschenwesens, also das, was wir gewöhnlich die Persönlichkeit des Menschen nennen zum Unterschied von der Individualität (Mentalität), die sich aus den drei oberen Grundbestandteilen zusammensetzt. Wo finden wir denn nun aber „den verloren gegangenen Schlüssel zu jener Geheimschrift der Temperamente", von der Dr. Klages redet?

Ebenfalls im Okkultismus. Dr. Rudolf Steiner hat einmal in einem in München gehaltenen öffentlichen Vortrag betitelt „Die Temperamente im Lichte der Geisteswissenschaft" sich über den hier gesuchten Schlüssel zur alten Temperamenten-Lehre des näheren ausgelassen und darüber etwa Folgendes ausgeführt:

Im Temperament tritt uns etwas individuell Verschiedenes, eine spezifische Eigenschaft des einzelnen Menschen entgegen, deren Geheimnis wir nur dann ergründen können, wenn wir hinuntertauchen zu dem eigentlichen Wesenskern des Menschen. Der Mensch ist, wenn er ins Leben tritt, zunächst aufzufassen als der Abkömmling seiner Eltern, seiner Vorfahren und Ahnen. Sicher müssen wir uns hier zunächst an das halten, was er durch Vererbung erhalten hat. Mit diesem Ergebnis der Vererbung aber verbindet sich etwas, das auf ganz andere Ursachen hinweist als die Vererbung, nämlich auf das, was mit den früheren Daseinsformen, mit den früheren Verkörperungen zusammenhängt. Ein jeder Mensch hat – dies wird später noch einmal allgemein anerkannt werden – eine Reihe früherer Leben hinter sich. Aus diesen früheren Leben bringt der Mensch innere Eigenschaften mit, die auf sein Schicksal bestimmend einwirken. Es ist dies das, was wir das Karma des Menschen nennen. Der innere Wesenskern des Menschen, seine Individualität, stammt aus früheren Verkörperungen, während seine äußere Hülle auf Vererbung beruht. Zwischen dem eigentlichen Wesenskern des Menschen, der Individualität, und dem, was auf der Vererbungslinie liegt und was seine Persönlichkeit an angeborenen Eigenschaften besitzt, muss ein Band vorhanden sein, ein Zwischenband. Und dieses vermittelnde Band ist das, was uns im Temperament des Menschen entgegentritt. Das, was physischer Leib ist, was im physisch sinnlichen Dasein lebt, trägt das Merkmal der Vererbung in sich. Dasselbe gilt vom Äther- oder Lebensleib (=Matrize). Der astralische Leib dagegen und das Ich des Menschen gehört dem an, was heruntergebracht wird aus der geistigen Welt, aus der der Mensch heruntersteigt, wenn er sich neu verkörpert. Wir haben also hier eine Wechselwirkung von zwei Strömungen vor uns, und diese Wechselwirkung bringt das Temperament hervor. In dieser Wechselwirkung sitzt das Geheimnis des Temperaments. Die 4 Grundteile des Menschen, mit denen wir es hier zu tun haben, sind physischer Leib, ätherischer Leib, astralischer Leib und das Ich. Je nach dem Vorherrschen eines dieser 4 Grundteile erhalten wir das eine oder andere der 4 Temperamente:

- Herrscht ein gewisses Übergewicht des Ich vor, dann haben wir das cholerische Temperament.
- Herrscht ein gewisses Übergewicht des astralischen Leibes vor, dann haben wir das sanguinische Temperament.
- Herrscht ein gewisses Übergewicht des ätherischen Leibes vor, dann haben wir das phlegmatische Temperament.
- Herrscht ein gewisses Übergewicht des physischen Leibes vor, dann haben wir das melancholische Temperament. (Nach Bardon sind die letzten beiden Temperamente umgekehrt! Der Autor).

Der Überschuss des Ich hängt mit dem Drüsensystem zusammen. Wir haben also dann das cholerische Temperament vor uns, bedingt durch den Einfluss des Bluts. Ein solcher Mensch sucht sich in der Außenwelt geltend zu machen; es drängt ihn, in der Welt eine Rolle zu spielen. Präponderiert dagegen der astralische Leib, dann tritt der Einfluss des Nervensystems hervor, dann haben wir das sanguinische Temperament vor uns. Bei einem

28

solchen Menschen tritt das Vorstellungsleben in den Vordergrund. Präponderiert der Ätherleib, dann kommt das vegetative System zur besonderen Geltung und dann haben wir das phlegmatische Temperament vor uns. Ein solcher Mensch trachtet beständig nach Behagen. Präponderiert endlich der physische Leib, dann haben wir das melancholische Temperament vor uns; der Mensch wird dann zum Grübler. Hier haben wir nun einen Überblick über die vier Temperamente. Um einige Beispiele anzuführen, so war der Philosoph Fichte, wie schon aus seiner äußeren Gestalt zu erkennen war, aus seinem zurückgehaltenen Wuchs, – ein Choleriker. Das klassischste Beispiel eines Cholerikers ist Napoleon. Beim Choleriker sind die Gesichtszüge scharf geschnitten. Den Gegensatz zum Choleriker bildet der Phlegmatiker (Melancholiker nach Bardon), dessen Züge etwas unklares, unbestimmtes haben. Namentlich ist es das Auge, das den Choleriker erkennen lässt. Ein schwarzes Auge ist häufig das Zeichen eines cholerischen Temperaments. Betrachten wir nun das sanguinische Temperament, so hat der jugendliche Sanguiniker oft einen hüpfenden Gang. Seine Züge sind veränderlich. Blaue Augen sind zwar nicht immer, aber sehr häufig das Zeichen eines sanguinischen Temperaments. Der Melancholiker endlich verrät sich durch den vorgebeugten Kopf, durch das gesenkte Auge. Bei ihm herrscht die Sucht zur Grübelei, die Neigung zur Vereinsamung.

Die Temperamente spielen naturgemäß in der Erziehung eine große Rolle. Das sanguinische Kind kann nur dadurch richtig geleitet werden, das es einen Erzieher findet, den es lieben kann. Beim cholerischen Kind muss der Erzieher die Zügel fest in der Hand behalten er muss beständig beweisen können, das er mehr kann und mehr weiß. Beim phlegmatischen Kind muss die Erziehung auf dem Wege der Freundschaft, der freundschaftlichen Anspornung, des intimen Verkehrs mit Gleichstrebenden vor sich gehen. Beim melancholischen Kind müssen wir bei der Erziehung mit dem melancholischen Hang rechnen, mit dem Hang zum Leiden. Das melancholische Kind ist schmerzfähig, deshalb muss es einen Erzieher finden, der selbst einen dornenvollen Pfad gewandelt ist, damit es mitfühlen, einen berechtigten Schmerz miterleben kann.

Liebe zu einer Person ist also das Beste für den Sanguiniker.
Achtung vor einer Person für den Choleriker.
Neigung für die Interessen Anderer für den Phlegmatiker.
Mitfühlen berechtigten Schmerzes für den Melancholiker.

So stellen sich die 4 Temperamente dar, wenn man sie vom Standpunkt der Esoterik betrachtet. In den Augen des heutigen Psychologen und wohl auch in den Augen des Verfassers, des eingangs erwähnten Werkes: „Prinzipien der Charakterologie", durften diese Ausführungen Dr. Rudolf Steiners, die wir hier in aller Kürze wiedergegeben haben, allerdings als willkürliche, jeder wissenschaftlichen Begründung entbehrenden Behauptungen erscheinen. Sie stellen eben esoterische und nicht exoterische Psychologie dar – eine Psychologie, die sich in heutiger Zeit erst wieder Verständnis und Anerkennung erringen muss, wie sie ihr einst zur Zeit des Pythagoras und noch mehr in den Zeiten der altägyptischen, altpersischen und altindischen Kulturperiode entgegengebracht wurde. Diese esoterische Psychologie ist nicht der Ausfluss einer sich theosophisch und symbolistisch gebärdenden Schöngeisterei – wie Dr. Klages meint, sondern der Ausdruck einer uralten Weisheit. Das dem so ist, das wir es bei dieser Esoterik tatsächlich mit einem wirklichen Wissen und nicht mit bloßen Behauptungen einer sich so und so gebärdenden Schöngeisterei zu tun haben und dass auch von unserer heutigen exoterischen Psychologie nur ein gangbarer Weg hinüberführt zu jener esoterischen – dies wird in nicht gar ferner Zeit in streng wissenschaftlichem Sinn nachgewiesen werden. Bis dahin aber mögen sich die Gegner dieser Schöngeisterei gedulden. Auch die Graphologie hat ihre Zeiten durchgemacht, in denen sie für alles andere gehalten wurde, nur nicht für eine werdende Wissenschaft, und hat sich heute doch zu einer gewissen Anerkennung von Seiten der offiziellen Gelehrtenwelt durchgerungen. Sollte das, was bei der Graphologie gelungen ist, nicht auch bei der Esoterik gelingen? Freilich ein bisschen länger wird das Sichdurchringen bei dieser schon währen. Dafür ist diese aber auch für die Menschheit um ein ganz klein wenig wichtiger als jene. Vielleicht wird mir selbst Herr Dr. Klages dies zugeben müssen."

7. Andere bekannte okkulte Autoren

Auch Agrippa von Nettesheim, der mittelalterliche Magier, erwähnt in mehreren Kapiteln die 4 Elemente nebst deren zugeordneten Charaktereigenschaften. Er verweist auch auf die Harmonie mit dem „Himmel" durch das fünfte Element und sagt: „Die Elemente sind die Grundlage von allem, aus ihnen besteht alles, und nach ihnen richtet sich alles, sie sind in allem und verbreiten ihre Kräfte durch alles." Doch leider richteten sich die wenigsten danach, mit Ausnahme des Engländers Mathers, der diese Lehren für seinen Orden der Goldenen Dämmerung verwendete.

S.A. Kummer ebenso wie Peryt Shou und viele andere erwähnen in ihren Schriften nur, dass man einen Ausgleich in Wollen, Denken, Fühlen und Handeln erreichen soll. Brandler-Pracht widmet in seinem „Lehrbuch zur Entwicklung der okkulten Kräfte" der Seelenschulung schon bei weitem mehr. Doch richtig in die Tiefe geht er auch nicht. Er erwähnt zwar auch die „Harmonie", aber er erklärt nicht, wie man sie genau erreichen kann, obwohl er auch gefährliche 4 Elemente- und elektrisch-magnetische Fluidübungen angibt.

Des Weiteren gibt er Ausgleichsübungen an, die folgendermaßen funktionieren: „(S 82) Übung 34: Man mache sich, so intensiv als nur möglich, die Vorstellung einer großen Freude, die uns plötzlich überrascht, etwa dass ein Los, welches wir besitzen, den Haupttreffer gezogen habe, oder dass wir plötzlich eine geliebte Person wiedersehen, von der wir schon seit langer Zeit getrennt sind, oder ein ähnliches freudiges Ereignis. Die Vorstellung muss während einiger Minuten bis zur größten Deutlichkeit, bis zur vollsten Glaubwürdigkeit gesteigert werden, sie muss uns vollständig einnehmen und unser Inneres dergestalt bewegen, dass die Illusion für uns zur plastischen Wirklichkeit wird. Wir müssen sie bis in das kleinste Detail erleben, und zwar so, dass wir uns vorstellen, wie wir das Geld in Empfang nehmen, was wir damit beginnen, welche Freuden wir uns damit verschaffen wollen u. ä. Dann aber setzen wir, vollständig unvermittelt, mit der ebenso starken Gegenvorstellung ein, dass wir uns getäuscht haben. Ein anderes Los hat den Haupttreffer gewonnen, wir haben uns nur in der Nummer geirrt. Jetzt aber beginnt die moralische Seite der Übung. Wir müssen die Enttäuschung blitzschnell zu überwinden suchen. Wir müssen uns vorstellen, dass uns der Reichtum vielleicht gar nicht dienlich ist, dass er uns wahrscheinlich abhalten würde von unserem Vorwärtsstreben, dass

31

der innere und unvergängliche eigentliche Mensch meist zu kurz kommt, wenn der vergängliche Körpermensch in einem scheinbaren Glücke schwelgt, und dass es viel vernünftiger ist dem Cato'schen Grundsatze zu leben, der uns lehrt, dass wir entbehren lernen sollen, damit wir nicht zu entbehren brauchen. Man sage sich ferner, dass nichts so trügerisch ist als das Glück der Erde. Der Mensch ist nicht geschaffen, sich dauernd mit ihm zu verbinden, solange er nicht zu einer höheren Erkenntnis sich durchgerungen hat, denn Überdruss, Langeweile und die Sucht nach Abwechslung und Veränderung lassen ein reines, dauerndes Glücksgefühl nicht aufkommen. Mit solchen und ähnlichen Vernunftgründen suche man die gestörte Harmonie wieder herzustellen.

Übung 35: Ein andermal stelle man sich ein sehr tragisches Ereignis vor, einen großen Unglücksfall, der für unser Leben von einschneidender Bedeutung wäre. Wenn wir uns nun so recht in die seelischen Schmerzen versenkt haben, die ein solcher Fall in uns erwecken würde, so suche man sich durch eine ebenso starke Gegenvorstellung wieder aufzurichten, indem wir uns sagen, dass in jedem Leid, das uns widerfährt, ein großes Heil für uns enthalten ist, dass das Kreuz die Liebe bedeutet, dass es edel ist, Ungemach und rauhes Schicksal mit Würde und Ruhe zu ertragen und dass alles Wehklagen und Jammern nichts hilft, sondern nur noch größeres Unheil nach sich zieht. Im Schmerze eigensinnig verharren ist töricht und ist damit vergleichbar, dass man ein Messer, das einem in der Wunde sitzt, statt herauszuziehen, in selbstquälerischer Absicht hin und her dreht.

Am Ende beider Übungen aber halte man sich stets vor Augen, dass es keinen Schmerz für uns gibt, wenn wir ihn nicht wollen, und dass die ganzen flüchtigen Freuden der Erde uns keine Enttäuschung und keine Übersättigung bringen können, wenn wir sie auf ihren wahren Wert einschätzen und entbehren gelernt haben, denn Freud und Leid sind ja doch nur Einbildungen.

Der Zweck dieser Übung, uns ruhig und harmonisch zu erhalten in allen Lagen des Lebens, so dass gar nichts mehr imstande sein kann, uns aus unserem **Gleichgewicht** heraus zu reißen, kann nur durch eine fortwährende Wiederholung derselben erreicht werden. Nach einiger Zeit schon wird es uns leichter werden, unserem wirklichen Schicksale die Stirn zu bieten, wenn wir uns auf die beschriebene Weise täglich für alle Vorkommnisse des Lebens sozusagen vorbereiten. Wer gewöhnt ist, das Glück mit Gleichgültigkeit zu betrachten, den wird es nicht berauschen, der wird auch ruhig bleiben, wenn er es wieder verliert.

„Hänge dein Herz an nichts, und du wirst nichts zu verlieren haben. Damit aber ersparst du dir viele Qualen und viele bittere Stunden. Höre auf, dir selbst zu leben, du dienst dir mehr, wenn du in selbstlosester Pflichterfüllung, in reinster Betätigung der Nächstenliebe deinen Mitmenschen dienst. Übe dich, um höher zu kommen, an allem, was dir begegnet, an großen und kleinen Geschicken, und sieh mit Strenge darauf, dass du dein allzu eitles Wünschen und Hoffen ertötest. Wenn du das erlernt hast, was kann dich dann mehr in Unruhe versetzen? Lerne freiwillig entsagen. Verzichte aus eigenem Antrieb auf kleine, dir liebgewonnene Annehmlichkeiten, auf gewöhnte Bequemlichkeiten, auf Dinge, die dich besonders erfreuen, und es wird dir nicht mehr schwer fallen, wenn das Geschick ein großes Opfer von dir fordert. Ertrage aber auch geduldig jeden physischen Schmerz. Nirgends kann man Geduld besser lernen als bei den Schmerzen des Körpers. Kräftige deinen Willen. Der Schmerz, ob seelisch, ob physisch, kann dich nur solange quälen, als du willensschwach bist!
So spricht die wahre Weisheit zu uns. Sie zeigt uns deutlich, wie wir unser Erdendasein aufzufassen haben."

*

Im Gegensatz dazu beruht das System des Werkes der „7 Lehrbriefe" von Dr. Georg Lomer auf vierpoliger Basis und er schreibt vielmehr von der Selbsterkenntnis, auch an Hand von Übungen. Seine Lehrbriefe sind alle auf den Ausgleich und dem Erreichen des magischen Gleichgewichtes aufgebaut und aus diesem Grund zur Ergänzung jedem Hermetiker wärmstens an Herz gelegt.

8. Das wahre magische Gleichgewicht

Um im Astralen zu arbeiten, muss man das magische Gleichgewicht erreicht haben. Gleichgewicht erzeugt Ruhe und Ausdauer. Im Menschen bedeutet es die absolute Freiheit. Das Gleichgewicht ist unnachsichtig. Man befolgt die Gesetze und es ist da. Man handle noch so leicht dagegen, und es ist gestört. Darum ist nichts unnütz. Jedes Wort, jede Tat sind für oder wieder des Gleichgewichts, für oder wieder die universelle Wahrheit, denn das Gleichgewicht verkörpert eben diese universelle Wahrheit, die sich aus vereinigten, gegeneinander vollkommen abgewogenen Für und Wieder – Plus und Minus – zusammensetzt. Es ist zum Gelingen aller magischen Operationen notwendig, denn die Allmacht ist absolute Freiheit und absolute Freiheit wäre ohne das magische Gleichgewicht nicht denkbar. Auch die Alchemie lehrt uns Gegensätze zu vereinen, ohne einen durch den anderen aufzuheben. Durch das magische Gleichgewicht wird auch die Notwendigkeit des negativen Prinzips erklärt. Das ist der Grund der Entstehung der Dämonen, um eine Balance zu erzielen, denn das Gleichgewicht ist das Ergebnis zweier Kräfte. Die Belastung einer Waagschale bestimmt notwendig die Bewegung der anderen. Das Entgegengesetzte wirkt so in der ganzen Natur durch Übereinstimmung und analoge Verknüpfung auf das Andere. Wenn die beiden Gegenkräfte immer gleich sind, wird das Gleichgewicht zur Vereinigung der beiden Lebensströme übereinstimmen. Das ganze Leben besteht aus Ein- uns Ausatmen, welche den beiden Fluiden – Elektrisch und Magentisch unterstehen. Eins bedingt das Andere. Die menschlichen Körper sind einem zweifachen Gesetz unterworfen: Der Anziehung und Abstoßung, dem Positiven und Negativen, also wieder die beiden Fluide.

Wenn man immer im gleichen Sinn und in derselben Art handelt, dann überlädt sich eine Waagschale und das Gleichgewicht wird bald zerstört sein. Genauso wie unaufhörliche Liebkosungen rasch Ekel und Überdruss erzeugen, so fällt auch das Gleichgewicht. Aus diesem Grund der lebensspendende Wechsel. Denn eine magische Operation muss immer von einer Zeit der Ruhe abgelöst werden. Die Bewegung ist das Resultat eines regelmäßig wechselnden Übergewichtes, welcher im sinnvollen Wechsel zwischen Spannung und Ruhe, zwischen Außen und Innen liegt. Wenn dieses Verhältnis einmal gründlich aus dem Gleichgewicht geraten ist, (womit auch der jetzt so oft erwähnte „Verlust der Mitte" zusammenhängt), so gibt es keinen anderen Weg die verlorene Ordnung wieder herzustellen, als den Weg der bewussten Wiederanpassung an die harmonischen Kräfte durch „bestrebtes Üben". Entmutigung und Erschöpfung sind das Zeichen dafür, dass das Gleichgewicht der Kräfte ins Wanken geraten ist. Der Weg der Ordnung in uns selber ist der Weg der Übung. Denn nur durch die Tat kann die Erneuerung der lebendigen Mitte wiedergewonnen werden – niemals durch Theorie. Nicht Abtötung körperlicher Funktionen, wie sie ja auch die mittelalterliche Askese vorschreibt, sollen dem heutigen Menschen als Mittel dienen, sein inneres Gleichgewicht aufrecht zu erhalten. Nicht Weltentsagung und Einsiedlertum, sondern ein besseres Eindringen in die Vielgestaltigkeit des Lebens, ein vertieftes Erkennen der großen Gesetze die über uns walten. Kein Abseitsstehen und sich Abschließen, sondern ein tiefinnerliches Ergriffenwerden vom Rhythmus alles Lebendigen. Es entsteht ein zunehmendes inneres Gefestigtsein, ein Zustand innerer Ruhe und Gelassenheit, des Gleichmutes, den wir so dringend für den Ausgleich gebrauchen.

In unserem Astralkörper vollzieht sich ein Wandlungsprozess und der Schwerpunkt des Geschehens wird immer mehr von der Peripherie ins Zentrum verlegt, bis beinah mühelos es uns gelingt zu unserer ausgewogenen Mitte zu kommen. Wenn im beharrlichen Bestreben das Gesetz der wechselseitig nach außen- und innenschwingenden Spirale erkannt und erlebt wurde, welche unseren eigenen Mittelpunkt umkreist, spüren wir vielleicht eines Tages noch eine andere Schwingungsrichtung freigewordener seelischer Energie, – ein Kreisen um den universellen Mittelpunkt, welches sich im Unendlichen vollzieht.

*

„Dank Swastika, Dir, ob Deines anderen Gesichts: Ein Wecker bist Du des Bewusstseins meines Irrlaufes und ein Führer auf dem reisenden Strom der Welt zu den stillen Tiefen des großen Urmeers Gottes. Alles kreist, wie im Traum, wie im tiefen Traum. – Kreise nur Weltenrad – in deiner Mitte ist Ruhe! Ich habe den Weg zur Mitte wiedergefunden, zu der Wandelwelt Urmittelpunkt, zum Herzen Gottes . . . !" – sagt dazu weise K.O.Schmidt im „Flammenden Herzen"!

9. Weniges von den Buddhisten

In den „Reden des Buddha" gibt es im Pali-Kanon eine Schrift mit dem Titel „Übereinkunft", anhand dessen der Erleuchtete äußerst symbolisch mit Hilfe der Zahl 4 die Ausgeglichenheit erklärt. Weiter findet man folgendes über den goldenen Weg der Mitte:

„Nun merket, Brüder: Gier ist vom Übel und Hass ist vom Übel und es gibt einen Mittelweg um der Gier zu entgehn und dem Hass zu entgehn, einen Weg, der sehend und wissend macht, zur Ebbung, Durchschauung, Erwachung, Erlöschung führt. Was ist das aber, Brüder, für ein Mittelweg, der sehend und wissend macht, zur Ebbung, Durchschauung, Erwachung, Erlöschung führt? Dieser heilige achtfältige Pfad ist es eben, und zwar: rechte Erkenntnis, rechte Gesinnung, rechte Rede, rechtes Handeln, rechtes Wandeln, rechtes Mühn, rechte Einsicht, rechte Einigung. Das, ihr Brüder, ist der Mittelweg, der sehend und wissend macht, zur Ebbung, Durchschauung, Erwachung, Erlöschung führt. Und Zorn, Brüder, und Zwietracht ist vom Übel, und Heuchelei und Neid ist vom Übel, und Eiferung und Eigensucht ist vom Übel, und Trug und List ist vom Übel, und Starrsinn und Ungestüm ist vom Übel, und Stolz und Dünkel ist vom Übel, und Lauheit und Lässigkeit ist vom Übel und es gibt einen Mittelweg um der Lauheit zu entgehn und der Lässigkeit zu entgehn, einen Weg, der sehend und wissend macht, zur Ebbung, Durchschauung, Erwachung, Erlöschung führt. Was ist das aber, Brüder, für ein Mittelweg, der sehend und wissend macht, zur Ebbung, Durchschauung, Erwachung, Erlöschung führt? Dieser heilige achtfältige Pfad ist es eben, und zwar: Rechte Erkenntnis, rechte Gesinnung, rechte Rede, rechtes Handeln, rechtes Wandeln, rechtes Mühn, rechte Einsicht, rechte Einigung. Das, ihr Brüder, ist der Mittelweg, der sehend und wissend macht, zur Ebbung, Durchschauung, Erwachung, Erlöschung führt."

Des Weiteren geben folgende Verse aus dem Pali-Kanon Auskunft:

Und heftig büßt´ ich, allzu hart:
Da kam der Meister her zu mir
Und ließ mich kennen, gab mir kund
Das Gleichnis von der Laute Klang.
Sein Wort, ich nahm es willig auf,

Gehorchte gern dem Heilgebot:
Die reine Mitte hielt ich recht,
Den Mittelweg zu höchstem Wohl;
Drei Wissenschaften kenn´ ich nun,
Getan ist was der Wache will.

Doch viel mehr findet man dort nicht. Laut Legende erkannte Buddha selbst an Hand einer Gitarre den Ausgleich. Sind die Seiten zu straff gespannt, reißen sie, sind sie zu lasch, kommt kein schöner Ton zustande. Die Lehre des Leidens untersteht ebenfalls den 4 Elementen und die Bezeichnung „rechte" deutet auf richtig, auf mittig hin. Die ganzen Reden aus dem „Pali- Kanon" sind auf diesem Prinzip aufgebaut. Im offiziellen Tibet gibt es noch die vier Schulen:

- Gelugpas (Gelbmützen)
- Kagyüpas (Schwarzmützen)
- Nyingmapa (Rotmützen) und
- Sakyapapa (Grünmützen)

die auf die vier Elemente und auf das Gesetz des Gleichgewichtes hinweisen. Dass die östlichen Hermetiker den gleichen Weg gehen, wie wir, belegt folgende Übung aus dem Buch „Der tibetanische Buddhismus" von Hopkins, wo es eindeutig um die Erlangung des magischen Gleichgewichtes geht:

Wie man Gleichmut erreicht

„Stelle dir zuerst deutlich ein neutrales fühlendes Wesen vor, also eines das dir weder geholfen noch geschadet hat. Dann denke: Alle wollen Glück und kein Leiden; deshalb darf ich nicht einigen helfen, weil ich sie für vertraut halte, und anderen, weil ich sie für fremd halte, Schaden zufügen. Ich muss allen fühlenden Wesen gegenüber einen Gleichmut schaffen, der frei ist von Begierde und Hass, Vertrautheit und Fremdheit. Ich bete darum, dass die Lamas und Götter mich dazu befähigen, dies zu tun.
Wenn du einem neutralen Wesen gegenüber gleichmütig bist, stelle dir deutlich ein fühlendes Wesen vor, das deinem Geist ausgesprochen angenehm ist. Kultiviere dann einen Gleichmut, [der frei ist von Begierde und Hass]. Wenn jetzt der Geist nicht gleichmütig wird, ist das zurückzuführen auf die Kraft der Begierde. Denke, dass du dadurch, dass

37

du in der Vergangenheit das Angenehme begehrt hast, in den anfanglosen Existenzkreislauf geboren wurdest; mache so dem Anhaften ein Ende und meditiere. Wenn du einem angenehmen Wesen gegenüber gleichmütig wirst, stelle dir ein fühlendes Wesen vor, das du kennst und das dir ausgesprochen unangenehm ist. Kultiviere dann einen Gleichmut [der frei ist von Begierde und Hass]. Wenn du nicht gleichmütig wirst, ist das zurückzuführen auf den Zorn, den du erzeugst, indem du diese Person von ganzem Herzen für unangenehm hältst. Wenn du ihr gegenüber nicht gleichmütig wirst, denke, dass das keine gute Voraussetzung ist, ein selbstloses Streben nach Erleuchtung zu erzeugen; mache so dem Zorn ein Ende und meditiere. Wenn du einem wenig angenehmen Wesen gegenüber gleichmütig wirst, stelle dir deutlich sowohl ein Wesen vor, das dir sehr angenehm ist – wie deine Mutter –, als auch ein Wesen, das dir sehr unangenehm ist – wie etwa einen Feind. Dann denke: Darin, dass sie von sich aus Glück wollen und kein Leiden, sind diese beiden gleich. Von mir aus gesehen, war dieser, den ich jetzt als einen Freund begreife, zahllose Male im anfanglosen Existenzkreislauf mein größter Feind. Dieser, den ich jetzt als einen Feind begreife, war unbegrenzt viele Male im anfanglosen Existenzkreislauf meine Mutter. Wen sollte man also begehren? Wen sollte man hassen? Ich werde einen Gleichmut schaffen, der frei ist von Begierde und Hass, Vertrautheit und Fremdheit. Ich bete darum, dass die Lamas und Götter mich dazu befähigen, dies zu tun.

Wenn du einem anziehenden Wesen zusammen mit einem wenig anziehenden gegenüber gleichmütig wirst, kultiviere einen Gleichmut, der sich auf alle Wesen erstreckt. Tue das, indem du denkst: Darin, dass sie von sich aus Glück wollen und kein Leiden, sind alle fühlenden Wesen Freunde. Deshalb werde ich in mir ihnen allen gegenüber einen Gleichmut schaffen, der frei ist von Begierde und Hass, Vertrautheit und Fremdheit. Ich will nicht einigen helfen, weil ich sie für vertraut halte, und anderen, weil ich sie für fremd halte, Schaden zufügen. Ich bete darum, dass die Lamas und Götter mich dazu befähigen, dies zu tun."

Der bekannte Tibetkenner Evans Wentz gibt in seinem Buch „Geheimlehren aus Tibet" folgende Anweisungen, die auch auf einen Ausgleich hindeuten, denn einerseits werde Dinge genannt, die der Schüler haben muss und auf der anderen Seite muss er Eigenschaften ablegen. Man erkennt sofort den Ausgleich. Es gibt zwar noch andere, modernere buddhistische Literatur, aber die ist so fehlerhaft, dass man sie hier nicht erwähnen will! Doch mehr ist mir nicht bekannt. Wie Bardon schon

schreibt, muss man im Osten auf alles weitere selber kommen. Das ist ne´
harte Nuss:

Die zehn Dinge, die zu tun sind

1. Nimm einen mit geistiger Macht und vollkommenem Wissen begabten religiösen Lehrer.
2. Suche eine wohltuende, von geistigen Einflüssen erfüllte Einsamkeit.
3. Suche Freunde, deren Glauben und Gewohnheit den deinen gleichen, und auf die du vertrauen kannst.
4. Denke an die Übel der Völlerei und begnüge dich mit soviel Nahrung, als du während der Zeit deiner Zurückgezogenheit zur Erhaltung deiner Gesundheit brauchst.
5. Prüfe unparteiisch die Lehren der großen Weisen aller Sekten.
6. Erforsche die nützlichen Wissenschaften der Medizin, der Astrologie und die tiefe Kunst der Vorzeichen.
7. Befolge die Lebensordnung und Lebensweise, die dich gesund erhält.
8. Befleissige dich der Andachts-Übungen, die zu deiner geistigen Entwicklung führen.
9. Nimm Schüler, die fest im Glauben, sanftmütigen Geistes und in ihrem Wahrheitsstreben vom Karma begünstigt scheinen.
10. Erhalte dir in allen Lebenslagen ein stets wachsames Bewusstsein.

Dies sind die zehn Dinge, die zu tun sind.

Die zehn Dinge, die zu vermeiden sind

1. Vermeide einen Guru, dessen Sinn nach weltlichem Ruhm und Besitz steht.
2. Vermeide Freunde und Gefährten, die dem Frieden deines Geistes und deiner geistigen Entwicklung schädlich sind.
3. Vermeide Einsiedeleien und Wohnstätten, in denen viele Menschen sind, die dich belästigen und zerstreuen.
4. Vermeide es, deinen Lebensunterhalt durch Betrug und Diebstahl zu erwerben.
5. Vermeide Handlungen, die deinem Geist schaden und deine

geistige Entwicklung hindern.
6. Vermeide leichtsinniges und gedankenloses Tun, das dich in der Achtung anderer herabsetzt.
7. Vermeide unnütze Gesten und sinnlose Handlungen.
8. Vermeide es, deine eigenen Fehler zu beschwichtigen und über die der Andern offen zu sprechen.
9. Vermeide gesundheitsschädliche Nahrung und Kleidung.
10. Vermeide Handlungen aus Geiz.

Dies sind die zehn Dinge, die zu vermeiden sind.

Die zehn Dinge, die nicht zu vermeiden sind

1. Nicht zu vermeiden sind Ideen, die Ausstrahlungen des Geistes sind.
2. Nicht zu vermeiden sind Gedanken, die aus der wahren Freude stammen.
3. Nicht zu vermeiden sind verwirrende Leidenschaften, die zur Erkenntnis der göttlichen Weisheit führen (wenn sie in der Auskostung des Lebens richtig angewandt, Befreiung von der Täuschung bringen).
4. Nicht zu vermeiden ist Überfluss, der wie Dung und Wasser das geistige Wachstum fördert.
5. Nicht zu vermeiden sind Krankheit und Not als Lehrer der Frömmigkeit.
6. Nicht zu vermeiden sind Feinde und Unglück als Anlass und Mittel zum religiösen Leben.
7. Nicht zu vermeiden ist, was als göttliche Gabe sich von selbst ergibt.
8. Nicht zu vermeiden ist Vernunft als Grundpfeiler jeder Handlung.
9. Nicht zu vermeiden sind alle Andachts-Übungen von Körper und Geist, die man auszuführen vermag.
10. Nicht zu vermeiden sind Gedanken der Hilfe für Andere, so beschränkt die Möglichkeit hierzu auch sei.

Dies sind die zehn Dinge, die nicht zu vermeiden sind.

10. Die schweigsamen Hindus

Selbst angebliche Größen wie Vivekananda, Yogananda, Aurobindo und Shivanada die spärliche Hinweise auf das 4-fache Tattwa-Yoga erwähnen, geben keine Erläuterung zum elementaren Ausgleich, ebenso wenig das Purana Sutra, welches zwar nach den vier „Temperamenten" aufgebaut ist, aber keinerlei Erklärungen dazu gibt. Kein Hinweis, nichts. Nur tiefe Meditation führt uns hierbei an Ziel, so wie es Franz Bardon in der 10. Stufe geschrieben hat. Das ist ein trauriges Zeugnis für die östlichen Länder.

Das einzige darüber bringt uns wiedereinmal die Bhagavat Gita: Ich zitiere aus der von Dr. Franz Hartmann:

Krishna spricht:

„Noch weiter will ich das Geheimnis dir enthüllen, das die tiefste Weisheit ist, durch deren Offenbarung MEINE Seher zur Wahrheit und Vollkommenheit gelangten. Wer dieser MEINER Lehre fest vertraut und ihren tiefen Sinn erkennt, der wird nicht mehr geboren und nicht mehr berührt von Weltentstehung und Weltuntergang; das Weltall ist der große Mutterleib, in den ICH aller Dinge Samen streue; aus diesem gehen die lebendigen Wesen von jeder Art, o Erdensohn, hervor. Denn stets, wenn ein Geschöpf geboren wird, gleichviel in welchen Formen es entsteht, bin ICH's, der Geist, der Allem Leben gibt und Samen schafft, aus dem die Formen wachsen.

Sattwa (Bewusstsein), Radschas (Leidenschaft) und Tamas (Nichterkenntnis) sind die drei Gewalten der Natur. Sie binden stets den freien Geist an diese Körperwelt. Von diesen bindet Sattwa, das rein und leuchtend ist, die sündenfreie Seele durch Wohlgefallen und Glückseligkeit, die aus Erkenntnis seiner Güte kommt. Doch Radschas, der Begierde nah verwandt, der Quell der Selbstsucht und der Leidenschaft ergreift die Seele durch die Kraft der Werke, die in der Eigenheit ein Mensch vollbringt. Tamas, die Dummheit und der Unverstand, die Ausgeburt erkenntnislosen Dunkels, ein Nichts, das doch die ganze Welt beherrscht, durch Schlaf und Trägheit bindet es die Seele. So herrscht denn Sattwa durch das Lustgefühl, Radschas durch Tatendrang und Wissensdurst, und Tamas durch die blinde Torheit, die dem Lichte der Erkenntnis widersteht. Wird Leidenschaft und Dummheit überwunden, so bleibt das Licht zurück und leuchtet klar; geht die Erkenntnis und Begierde unter, so bleibt die Torheit übrig, und wenn Tamas und Sattwa schwinden, brennt noch Radschas fort. Wenn durch die Tore deines ganzen Wesens das Licht der Wahrheit scheint, so wirst du finden, dass Sattwa in dir reif geworden ist. Wenn Sehnsucht, Habsucht oder Wissbegierde, Gewinnsucht, Strebertum und Tatendrang der Seele Ruhe stören, wisse dann, dass Radschas in dir Herr des Reiches ist. Wo Dummheit, Trägheit, eitler Größenwahn, hochmütige Nichtswisserei, Verharren im Irrtum, Zweifelsucht und Aberglauben zu Hause sind, da ist Tamas der Herr. Und wenn die Seele diese Welt verlässt, wenn Sattwa in ihr herrscht, so geht sie ein zur Götterwelt des Lichts, wo jene wohnen, die nach dem Guten suchten und es fanden. Doch wenn der Körper stirbt, so lange Radschas in ihm die Herrschaft hält, so führt der Weg ins Reich des Feuers, dorthin, wo der Ort für erdgebundene Wesen sich befindet. Und stirbt der Mensch von Tamas Nacht verhüllt, starrköpfig sich dem Glaubenslicht verschließend, so gibt er seine Menschenwürde auf und geht vertiert zu niedern Wesen ein. Das, was aus Sattwa kommt, wird gut genannt; Radschas gebiert nur Qual, und Tamas Torheit, Erkenntnis kommt aus Sattwa, Gier entspringt aus Radschas, und aus Tamas kommt Verdummung. Wer in der Eigenschaft von Sattwa steht, der schwebt im Geist zu lichten Höhn empor; beherrscht von Radschas bleibt er in der Mitte, doch Tamas zieht zum Abgrund ihn hinab. Wenn nun ein Mensch, der Weisheit hat, begreift, wie diese Kräfte der Natur in ihm sich offenbaren und er das erkennt, was über diesen steht, dann ist er frei. Nicht mehr vollbringt er selber dann die Werke wieder hergestellte Einheit ist der wahrhafte Zweck der Schöpfung, aus denen diese Körperwelt entsteht; er ist von Tod, Geburt und Sünde frei und trinkt das Wasser der Unsterblichkeit."

11. Alles über die indischen Tattwas

Es wird wohl vergeblich sein, in irgend einem Konversationslexikon Belehrung über die Bedeutung des Fremdwortes Tattwas zu suchen. Dieses Wort hat sich in den über 150 Jahren in der Sprache des neueren Okkultismus eingebürgert, obwohl weder der Name noch auch der Begriff grob gesehen nachweisbar wäre. Auch in dem „Theosophischen Glossarium" von H. P. Blavatsky findet man keine Auskunft über dieses Fremdwort. Dies ist um so überraschender, als der Tattwabegriff gerade durch die von Blavatsky gegründete theosophische Schule in den Ideenkreis des abendländischen Okkultismus eingeführt worden ist. Außer kleineren Abhandlungen in den zahlreichen okkulten Zeitschriften gibt es m. W. in dem neueren okkultistischen Schrifttum deutscher Sprache nur knapp ein bis zwei Dutzend Werke, die sich ausschließlich mit diesem Thema beschäftigen, wovon die Sanskritübersetzung des Inders Rama Prasad das ursprünglichste ist, betitelt: „Die feineren Naturkräfte und die Wissenschaft des Atems", von dem **alle** weiteren abgeschrieben haben.

Diese Lehre von den Tattwas ist ein philosophisches Erzeugnis der metaphysischen Weltanschauung des alten Indiens. Dieser Hinweis ist jedoch nicht von großer Genauigkeit, denn ebenso wenig wie wir von einer griechischen Philosophie reden können, dürfen wir die Philosophie des alten Indiens als ein einheitliches, in sich geschlossenes Ganzes ansehen. Hier wie dort gab es verschiedene Schulen mit sehr unterschiedlichen Lehrmeinungen. Die Tattwalehre entstammt dem in nachbuddhistischer Zeit, im indischen Mittelalter, ausgebildeten Sankhya-System. Das Grundbuch des Sankhya-Systems ist die Sankhya-Karika, deren Verfasser Icvarakrishna etwa um das Jahr 500 unserer Zeitrechnung gelebt zu haben scheint.

Das Sankhya-System berücksichtigt hauptsächlich fünf Tattwaformen: Akasha-, Vayu-, Tejas-, Prithvi- und Apas-Tattwa. Diese Tattwas werden in Beziehung zu den fünf Elementen der griechischen Naturphilosophie, den fünf Sinnesorganen, zu gewissen Farben und physikalischen Begriffsbildungen gesetzt.

Die tattwischen Schwingungen wirken jedoch nicht gleichzeitig, sondern abwechselnd, bzw. ist der Einfluss eines bestimmten Tattwas nach einer gewissen Reihenfolge vorherrschend. „Es vollzieht sich im ganzen Universum", schreibt auch Brandler-Pracht, „ein beständiger, geordneter

Wechsel der Tattwas", wie es Franz Bardon in seinen „Fragen und Antworten" am anschaulichsten beschrieben hat. Da der Mensch durch die fünf Tattwas mit dem gesamten Universum in ständiger Verbindung steht, so werden den einzelnen Tattwas auch bestimmte Wirkungen auf die körperlichen, seelischen und geistigen Verhältnisse, sowie auch weiterhin auf die einzelnen Schicksalsumstände des menschlichen Lebens zugeschrieben.

Ob der abwechselnde Rhythmus der Elemente mit dem Sonnenaufgang gekoppelt ist, dass wurde schon vor der Veröffentlichung von Bardons „Fragen und Antworten" angezweifelt. Auch die Zuteilung der Planeten zu den Tattwas hat vor Bardon keine allgemeine Gültigkeit gehabt, denn Rama Prasad erwähnt auf S. 161 seines genannten Werkes, dass noch drei (!) andere Entsprechungsreihen existieren. Aber obwohl das bekannt war, hat sich keiner darüber Gedanken gemacht.

Der Begriff von den vier resp. fünf universellen Urqualitäten ist jedoch bereits, wenn auch in verschiedenen Ausprägungen, in der ionischen Naturphilosophie nachzuweisen und kam nicht ursprünglich aus Indien. Das Stoff- oder Seinsproblem, das „Welträtsel", hat schon früh die griechische Philosophie beschäftigt und führte zur Ausbildung der Lehre von den vier Elementen: Feuer, Wasser, Erde und Luft, als deren eigentlicher Urheber Empedokles von Agrigent (492–432 v. Chr.) angesehen werden kann. Aristoteles (384–322 v. Chr.) hat sodann die Lehre der vier Elemente von Empedokles übernommen und durch Hinzufügen eines fünften Elementes, der sogenannten „quinta essentia" oder des Äthers autoritativ festgelegt. Auch Pythagoras hat die 4 bzw. 5 Elemente für seine Einweihungen benützt.

Beim folgenden handelt es sich um die indischen Anschauungen der Elemente, die obwohl sehr fehlerhaft, dennoch die einzig vollständige vor Bardon ist, da sie die dazugehörigen Fluide Ida, Pingala und Sushumna erwähnt, welche jedoch im „Adepten" eingehender erklärt werden. Näheres dazu später. Franz Bardon schreibt zwar, dass die Elemente (mit den beiden Fluiden) im Osten erwähnt werden, aber wenn man das mit dem westlichen vergleicht, dann wird man enttäuscht, wovon sich der Leser überzeugen kann, denn auf den Charakter wird in Indien fast nicht eingegangen. Ich zitiere nur das auf den Charakter bezogene aus der oben genannten Schrift:

„156. Die aufwärts gerichtete Bewegung deutet auf Tod, die abwärts gerichtete auf Ruhe, die im spitzen Winkel auf Unruhe, die mittlere auf Ausdauer; das Akasha ist allen gemeinsam.

157. Während des Prithivi geschehen Handlungen, die auf längere Dauer berechnet sind; während des Apas Handlungen von kurzer Dauer; während des Tejas rauhere Akte; während des Vayu Mord etc.

158. Während des Akasha soll außer der Ausübung des Yoga nichts geschehen. Alle anderen Handlungen bleiben ohne die gewünschte Wirkung.

159. Während des Prithivi und des Apas steht Erfolg in Aussicht: Der Tod kommt während des Tejas, Verlust während des Vayu. Das Akasha ist nach Ansicht der Philosophen vollkommen indifferent.

160. Während des Prithivi ist später ein Erfolg zu erwarten, während des Apas sofort. Verlust wird durch das Tejas und das Vayu hervorgerufen; Akasha ist vollkommen indifferent.

161. Das Prithivi ist gelb, hat langsame Bewegung, bewegt sich in der Mitte, fließt bis hinauf zum Brustbein, hat schweren Ton, und ist von leichter Wärme. Es gibt Erfolg bei Handlungen, die auf längere Dauer berechnet sind.

162. Das Apas ist weiß, hat rasche, abwärtsgerichtete Bewegung, kommt sechzehn Finger breit abwärts (bis zum Nabel), ist von schwerem Ton und von kühler Temperatur. Es gibt Erfolg bei guten Werken.

163. Das Tejas ist rot, bewegt sich aufwärts in Wirbeln (Ävartagah), kommt vier Finger breit abwärts (bis zum Ende des Kinns) und ist von hoher Temperatur. Es bringt rauhe Handlungen hervor (Handlungen, die einen sozusagen in Glut versetzen).

164. Das Vayu ist himmelblau, bewegt sich in spitzen Winkeln acht Finger breit abwärts, ist von heißer oder kühler Temperatur. Es gibt Erfolg bei Handlungen, die nur vorübergehende Wirkung haben sollen.

165. Das Akasha ist die allgemeine Oberfläche von allem und überschattet die Eigenschaften all der Tattwas. Es gibt den Yogis das Yoga.

166. Gelb und viereckig, süß und sich in der Mitte bewegend, ein Spender der Freude ist das Prithivi, das zwölf Fingerbreiten nach abwärts fließt.

167. Weiß, halbmondförmig, herb und wohltätig ist das Apas, das sechzehn Fingerbreiten weit fließt.

168. Blau, kreisförmig, scharf, von spitzwinkliger Bewegung ist das Vayu, der Erzeuger der Bewegung und fließt acht Fingerbreiten weit.

169. Alle Farben überschattend, von ohrförmiger Gestalt, von bitterem Geschmack, überall sich bewegend durch die Spender des Moksha ist das Akasha Tattwa, das für alle irdischen Werke belanglos ist.

170. Das Prithivi und das Apas sind günstige Tattwas, das Tejas ist von

gemäßigtem Einfluss, das Akasha und das Vayu sind ungünstig und bringen dem Menschen Verlust und Tod.

171. Das Apas ist im Osten, das Prithivi im Westen, das Vayu im Norden, das Tejas im Süden, das Akasha in der Mitte.

172. Wenn das Prithivi und das Apas im Monde, das Agni in der Sonne sind, dann ist Erfolg bei guten bzw. bösen Taten in Aussicht.

173. Das Prithivi erzeugt Gewinn beim Tage, das Apas in der Nacht; der Tod nähert sich im Tejas, Verlust bringt das Vayu; das Akasha erzeugt manchmal Feuer.

174. Für die Lebensfähigkeit, Erfolg, für Gewinn, für Anpflanzung (nach anderer Lesart für Freude und Wachstum), für Anhäufung von Reichtümern, für das Studium der Mantras, für Schlachten, für Gehen und Kommen

175. ist das Apas Tattwa günstig. Während des Prithivi ist der Aufenthalt günstig, wo immer es auch sei. Beim Vayu geht man fort; Akasha und Tejas erzeugen Verlust und Tod.

176. Im Prjthivi kommt der Gedanke an die Wurzel (Mula), im Apas und im Vayu der an lebende Wesen, im Tejas der an Metalle; im Akasha ist es leer.

181. Es heißt, dass während des Prithivi die Gedanken sich um rein irdische Dinge drehen (Wurzeln, Mula); im Apas um das Leben, im Tejas um Metalle; im Akasha um nichts."

12. Das Christentum und der Islam

Unsere jetzige Psychologie verneint den Vorteil eines Seelenspiegels mit der Begründung, dass er den Praktikanten mit Tatsachen konfrontiert, denen er nicht gewachsen ist. Warum wird so etwas behauptet, wenn die ursprünglichen Psychologen wie Pythagoras oder Plato es ihren Schülern empfohlen haben. Diese Lehre reicht bis Empedokles von Agrigent zurück, welcher sagte, dass Feuer, Wasser, Luft und Erde die vier unveränderlichen Wurzeln aller Dinge sind, welche wiederum verglichen mit den 4 Temperamenten die treibenden Kräfte der Welt und damit die letzten Qualitätsprinzipien alles Seienden symbolisieren.

Herr R. sagte uns persönlich, dass man beim Seelenkampf alle negativen Eigenschaften ausrotten muss. Aber wenn ich so etwas mache, dann habe ich keine Kraft mehr, mich im Lebenskampf zu behaupten. Das schreibt ja schon Seila Orienta in „Aus der Praxis für die Praxis"! Rüggeberg schreibt in seinem Buch „Hermetische Psychologie und Charakterkunde": „Ein anderer Fehler, der häufig zu beobachten ist, besteht darin, dass Elemente-stauungen vorgenommen werden ohne Berücksichtigung der noch im Charakter vorhandenen negativen Eigenschaften. Durch die Dynamisierung dieser negativen Eigenschaften kann es dann zu psychischen Gleich-gewichtsstörungen kommen. Dabei ist große Vorsicht geboten!" – und dies sagt ein Mann, der sich vor 20 Jahren nach eigener Aussage in der dritten Stufe befand. Denn selbst in den Apokryphen steht geschrieben: „Oder ein anderes Gleichnis: Es gibt eine erbaute Stadt, die ist in einer Ebene gelegen und ist alles Guten voll; der Eingang aber dazu ist eng und führt an Abgründen hin, wo rechts Feuer, links tiefes Wasser droht; und nur einen einzigen Pfad gibt es zwischen beiden, zwischen Feuer und Wasser, und dieser Pfad ist so schmal, dass er nur eines Menschen Fußspur fassen kann" und in der herkömmlichen Bibel gibt es auch noch einige Stellen, die das gleiche andeuten. Man muss nur ein wenig denken! In den Briefen der Apostel geht es um das Für und Wider Gottes, um Reinheit und Unreinheit, um fleischliches und geistiges, was letztlich auf den Ausgleich hinweist. Des Weiteren unterstehen die 4 Evangelien den 4 Elementen und die Offenbarung des Johannes symbolisiert Akasha. Folgende Zeilen auf das Gleichgewicht bezogen findet man im Buch der Bücher:

- „In Feuer und Wasser wird ein Geschöpf erhalten."

- „Ein Vernünftiger mäßigt seine Rede; und ein verständiger Mann ist kalten Muts."
- „Falsche Waage ist dem Herrn ein Greuel; aber völliges Gewicht ist sein Wohlgefallen."
- „Rechte Waage und Gewicht ist vom Herrn; und alle Pfunde im Sack sind seine Werke."
- „Wie das Wasser ein brennendes Feuer löscht, also tilgt das Almosen die Sünden."
- „Blase dem Gottlosen nicht sein Feuer auf, dass du nicht auch mit verbrennest."
- „Er hat den Menschen von Anfang geschaffen und ihm die Wahl gegeben. Willst du, so halte die Gebote und tue, was ihm gefällt, in rechtem Vertrauen. Er hat dir Feuer und Wasser vorgestellt; greif, zu welchem du willst. Der Mensch hat vor sich Leben und Tod; welches er will, das wird ihm gegeben werden. Denn die Weisheit Gottes ist groß, und er ist mächtig und sieht alles; und seine Augen sehen auf die, so ihn fürchten; und er weiß wohl, was recht getan oder Heuchelei ist. Er heißt niemand gottlos sein und erlaubt niemand zu sündigen."

Sogar der große Dichter Schiller hat zum Thema Ausgleich, von der Erreichung der Mitte, ein Gedicht verfasst, dass den Titel „Der Tanz" trägt und uns bildhaft darüber Auskunft erteilt:

„Siehe, wie schwebenden Schritts im Wellenschwung sich die Paare drehn!"
Und aus dem Bild des wogenden Tanzes geht er in ein höheres Bild über:
„Ewig zerstört, es erzeugt sich ewig die Schöpfung,
und ein stilles Gesetz lenkt der Verwandlungen Spiel.
Sprich, wie geschieht's, dass rastlos erneut die Bildungen schwanken
und die Ruhe besteht in der bewegten Gestalt?"
Am Schluss findet er dann die Antwort:
„Willst du es wissen?
Das du im Spiele doch ehrst, fliehst du im Handeln, –
das MASS."

Auch im Koran gibt es einige Stellen die auf das Gleiche hindeuten. Man muss ihn nur mit offenen Augen lesen und ihn nicht engstirnig betrachten.

Er ist nämlich ein wunderbares Buch, eines der 4 Hauptreligionen:

- „Zwischen Kot und Blut (ist) in der Mitte Milch, die denen lauter (und) angenehm ist, die sie trinken."
- „Und sprich dein Gebet nicht zu laut, und flüstere es auch nicht zu leise, sondern suche einen Mittelweg."
- „Und die, die, wenn sie spenden, weder verschwenderisch noch geizig sind; dazwischen gibt es einen Mittelweg."
- „Und gebt volles Maß, wenn ihr messt, und wiegt mit richtiger Waage; das ist durchaus vorteilhaft und letzten Endes das Beste."
- „Und Allah bestimmt das Maß der Nacht und des Tages."
- „O Kinder Adams, habt eine gepflegte Erscheinung an jeder Gebetsstätte, und esset und trinkt, doch überschreitet (dabei) das Maß nicht; wahrlich, Er liebt nicht diejenigen, die nicht maßhalten."

Rudolph von Sebottendorf gibt in seinem Buch „Die Praxis der türkischen Freimauerer" Elementeübungen anhand von Formeln aus dem Koran an. Sein Buch ist zwar sehr dürftig und eignet sich nicht für die Praxis. Aber da es mit dem Koran in Zusammenhang steht und wie jedes Religionsbuch zu Gott, zur Mitte führt, brauche ich hier nicht mehr viel zu sagen. Das gleiche gilt für alle Religionen, denn wie heißt es doch so schön „Quaerite, et invenietis – Wer suchet, der findet"!
Selbst die Astromedizin bezieht sich auf die 4 Elemente. Sie geht aber ein bisschen tiefer. Die 12 Tierkreiszeichen unterstehen den 4 Elementen bzw. den 4 Säften im Körper:

Element Feuer	Gelbe Galle (grch. cholé)	Choleriker
Element Luft	Blut (lat. sanguis)	Sanguiniker
Element Wasser	Schwarze Galle (grch. mélaina cholé)	Melancholiker
Element Erde	Schleim (grch. phlégma)	Phlegmatiker

Da alle Planeten positive wie negative Auswirkungen haben, sehen wir darin die Wirkung des elektromagnetischen Fluides. Und somit ist das Rad wieder abgerundet. Ein Ausgleich aller dieser Begriffe sichert einen gesunden Körper, eine gesunde Seele wie gesunden Geist. Da die Elemente auch den Farben unterstehen, kann man mit dessen Hilfe seinen Astralkörper günstig beeinflussen. Je nach Temperament oder Charakterveredelung nimmt man die entsprechende Farbe. Die Farben wären: Rot – Grün – Blau und Gelb bzw. Braun! Man kann mit diesen Farben zum Beispiel die Wohnung, der eigenen Mentalität entsprechend, ausstatten und nach Belieben gestalten.

13. Philosophisches über den Ausgleich

Nur derjenige Mensch kann sich selber kennen, welcher seinen moralischen Wert, den Grad seiner sittlichen Vollkommenheit, das Verhältnis, in welchem jede seiner Handlungen, Beweggründe, Ideen und Vorstellungen in Hinsicht auf die universelle Vollkommenheit steht, mit Wahrheit und Zuverlässigkeit bestimmen kann.

Man soll sich selbst kennen, um zu wissen, welche Charakterzüge positiv oder negativ sind und welchem Element sie unterstehen, um den Grad seiner gegenwärtigen Unvollkommenheit zu vermindern, um täglich vollkommener und besser, um durch die sittlich wachsende Vollkommenheit glückseliger zu werden und auf diesem Weg das Ziel seiner Vorbestimmung zu erreichen. Bei ihm allein soll der Trieb nach höherer Vergeistigung der wirksamste und stärkste sein. Nur in dem Maße, als wir uns selbst kennen, werden wir an unserer weiteren Vervollkommnung arbeiten. Eine wahrer und genauer Ausgleich ist folglich das kräftigste Beförderungsmittel zur göttlichen Tugend, sie ist die höchste Wissenschaft, sie ist Weisheit und die Grundbedingung einer höheren geistigen Vervollkommnung. Ja! Wenn anders mit dieser Vervollkommnung eine höhere Glückseligkeit als wesentliche Folge verbunden ist, so ist das magische Gleichgewicht zu gleicher Zeit die Grundbedingung aller wahren und dauerhaften göttlichen Glückseligkeit.

Wir sind unvollkommen und eben darum leidend, weil wir uns nicht genug kennen. Könnten sich doch die Menschen von dieser großen Wahrheit besser überzeugen, sie würden statt der bisher betretenen Irrwege gerade auf ihr Ziele zugehen! Vor allen übrigen Beschäftigungen dieses Lebens würde und müsste die Selbstkenntnis ihr erstes und wichtigstes Interesse sein. Sie würden sich mit keinem geringeren Grad dieser Kenntnis begnügen, denn sie würden unaufhörlich über sich selbst und alles in diesem Zusammenhang nachdenken.

Es kann nicht widersprochen werden, dass die Vervollkommnung des Menschen ohne Veredlung unserer Bewegungsgründe, Eigenschaften und Gesinnungen möglich sei. Durch die Selbsterkenntnis veredeln sich alle diese Dinge. Denn der Selbstkenner kennt alle möglichen Gründe seiner Handlungen. Er sieht ein, dass es edle und niedrige Beweggründe gibt. Durch die Vergleichung dieser Gründe müssen ihm alle niedrigern Beweggründe als wirkliche Mängel erscheinen. Die Größe des Ideals, welches jedem Hermetiker vorschwebt, setzt ihn mehr als jeden anderen in den Stand, zu wissen, welche Charaktereigenschaften die höchsten und reinsten sind. Durch die genaue Kenntnis seines gegenwärtigen Zustandes weiß er ebenso genau, welche Leidenschaften ihm angehören. Diese letzteren verlieren notwendig durch die Vergleichung mit ersteren, sie erscheinen sogar als Flecken, welche getilgt werden müssen und genau diese Arbeit treibt unsere Kräfte zu einer höheren Anstrengung an. Denn die Selbsterkenntnis ist die Kenntnis eines individuellen, durchaus bestimmten Wesens, eines Wesens, welches mit der ganzen übrigen Natur in vollkommener Verbindung steht. Könnten wir daher zu einer totalen Kenntnis unserer selbst gelangen, das heißt das magische Gleichgewicht erreichen, wir würden nicht nur jeden anderen Menschen genau kennen und durchschauen, sondern wir würden auch die ganze Natur mit einem Blick durchdringen, denn wir würden klar erkennen, welche Stellung wir in diesem Kosmos behaupten, in welcher Beziehungen wir mit allen übrigen stehen, welche Eindrücke wir von ihnen empfangen, welche wir anderen mitteilen können. Wir würden sehen, dass wenn wir so denken oder handeln, auch die gesamte übrige Welt so geordnet sein müsste, wie es notwendig ist, denn wir würden einsehen, dass wir Teil eines Ganzen sind, in welchem kraft seines allgemeinen elementaren Zusammenhanges alle Wirkungen allgemein und wechselseitig auftreten. Daraus lässt sich ohne Schwierigkeit begreifen, dass Weisheit und Klugheit, die höchsten Eigenschaften des Menschen sind, die nur auf dem Boden des magischen Gleichgewichtes gedeihen können. Der Ausgleich ist zu gleicher Zeit die höchste Klugheit und Weisheit, und deshalb kennt sich nur der Weise selbst. Denn wenn die Selbsterkenntnis wahr und rein ist, so vergleicht sich der Mensch nicht mit anderen Menschen, deren Wert vergänglich und zeitlich beschränkt ist, sondern er sucht sich vielmehr ein ewig wahres, absolutes und unwandelbares Ideal, die Gottheit. Dieses Ideal ist für die gefahrvolle Schifffahrt der Polarstern, an welchem wir uns orientieren können. Dieses Ideal ist unser Kompass, er zeigt uns genau das Land, auf welches wir zusteuern sollen, er zeigt uns, wo unsere Entwicklung steht. Gibt es nun einen solchen Kompass, ein solches Ideal, ist dieses Ideal zweifelsfrei und richtig, nicht zu niedrig, nicht zu übertrieben und widersprechend, ist dieses Ideal immer unserer Seele gegenwärtig, ist die Vorstellung davon richtig ausgebildet und lebhaft, so entsteht das, was den festen, unerschütterlichen Hermetiker, den unabänderlichen Bekenner der Wahrheit und den wahren Helden und Märtyrer ausmacht. Dieses Ziel und diesen Maßstab lässt er nie aus den Augen, darauf allein richtet er seinen Blick.

Dieses Ideal, diese schöpferische Gottheit will, dass jeder in sich gehe, sich erforsche, ob und wie weit er diese Bedingungen erfüllt habe. Sie weist ihn darauf hin, wenn die Introspektion fehlerhaft sein sollte. Sein Gewissen schmerzt ihn, er wird unruhig, um durch diese Unruhe zu einer höheren Anstrengung und weiterer Überprüfung des Seelenspiegels angeregt zu werden.

Wir nähern uns langsam diesem allgemeinen ausgeglichenen Akasha-zustand, welcher vielleicht noch Jahrhunderte dauert, ehe dies alles geschieht, was geschehen muss, damit die gesamte Menschheit zu einem richtigen und vollständigen Ausgleich gelangen kann. Aber wir Hermetiker warten nicht so lange, sondern beginnen schon jetzt mit unserer Arbeit.

Das notwendige Ideal

Nicht jeder der über sich nachdenkt, arbeitet sofort an seinem Ausgleich. Wäre dies so, würde jeder Mensch ein Hermetiker sein, eine Behauptung, welche aller Erfahrung widerspricht. Es arbeitet nur derjenige an seinem Gleichgewicht, der seinen sittlichen und moralischen Wert, den Grad seiner bisher erworbenen Vollkommenheit, mit Wahrheit und Genauigkeit zu bestimmen vermag, welcher weiß, auf welcher Stufe der Vollkommenheit er wirklich steht und stehen will. Dies kann **kein** Mensch, ohne sich mit einem **Idol** zu vergleichen. Aber um sich vergleichen zu können, ist für den Menschen ein Maßstab notwendig, welcher seiner Vergleichung zu Grunde liegt, durch welchen sich bestimmen lässt, ob und wie viel von einer gegebenen Eigenschaft in dem sich vergleichenden Subjekt in der Tat gefunden wird. Ist dieser Maßstab wandelbar oder veränderlich, so mangelt es der Selbsterkenntnis an einem festen Grund, dann werden alle Urteile bloß relativer Natur sein. Soll daher das magische Gleichgewicht auf unwandelbaren Gründen beruhen und dem Menschen dadurch wahre Beruhigung und seinem Gewissen Heil gewähren, so muss er die vier Säulen seines Tempel Salomons auf einen Grund bauen, welcher notwendig und unveränderlich ist, auf einen Grund, welchen alle Menschen anerkennen müssen, in welchem sich alle Urteile vereinigen lassen. Zu diesem Zweck vergleicht sich der Hermetiker mit etwas, was nicht in der Natur vorhanden ist, was bloß allein in der Vorstellung wirklich ist – mit einem gewissen Ideal.

Da es nun bei der Kenntnis unserer selbst durchaus um zuverlässige und unveränderliche Bedingungen geht, dazu der Maßstab des Idols der Willkür und Veränderung so wenig als möglich unterworfen sein muss, da es bei der Vergleichung mit anderen Menschen unmöglich ist, die göttlichen Eigenschaften zu erkennen, da diese beim Menschen nicht vorhanden sind, so kann der Hermetiker seinen wahren Wert so wenig wissen, ohne auf das Absolute und Unveränderliche zu stoßen und sich mit diesem zu vergleichen.

Alle Selbst- und Menschenkenntnis wird folglich nur insofern möglich und zuverlässig sein, alle dahin einschlagenden Urteile werden nur insofern zur Gleichförmigkeit gebracht werden können, als ein solches Ideal möglich und denkbar ist. Dieses Ideal von Vollkommenheit ist das Sublimat unserer Erfahrungen und Vergleichungen; es ist das wirkende und belebende Prinzip aller Sittlichkeit, welches jeder in einem gewissen Grad in seiner Seele trägt, welches in dem Maß, als es dem Menschen vorschwebt, allen seinen Urteilen über sich und andere zu Grunde liegt, welches sich bei jedem Menschen aus seinen Handlungen und Urteilen so gewiss verrät, als jede Ursache aus ihrer Wirkung erkannt werden kann.

Ich glaube, soeben bewiesen zu haben, dass sich alle Selbsterkenntnis ganz genau nach den Begriffen richtet, welche ein jeder Mensch von der Vollkommenheit hat, worin er die höchste Gottheit erblickt, welche sein Ideal verkörpert. Er soll nur noch dieses Ideal unaufhörlich anwenden und seine individuelle Natur mit ihm vergleichen.

Doch der größte Teil der Menschen kennt sich gar nicht oder fehlerhaft! Und wenn mit dieser Kenntnis unsere dauerhafte Ruhe und Glückseligkeit so innigst verbunden ist, wenn jeder höhere Grad schon Gewinn, jeder mindere Grad Verlust und Nachteil ist, wie gefährlich und dumm ist es dann, in der Unwissenheit zu verweilen, auf der alten Stufe zu stehen und die zum Fortschreiten nötige Anstrengung seiner Kräfte zu unterlassen! Doch wie wenige denken daran und ändern das! Warum unterbleibt bei allen Menschen das so mächtig wirkende Emporstreben, das von unserer Natur unzertrennliche Verlangen nach Vollkommenheit, nach Verbesserung unseres Zustandes? Warum wollen alle den Zweck und nur so wenige die Mittel? Warum legen wir Menschen auf jede andere Art von Kenntnissen einen höheren Wert? Und warum wird die **erste** aller Kenntnisse, um derentwillen alle anderen Kenntnisse einen Wert bekommen, nicht vor allen anderen gesucht? – Vermutlich, weil Menschen, welche so gern mit ihren Kenntnissen glänzen, Aufsehen erregen, oder auf anderem Wege viel erwerben wollen, weil es folglich an dem nötigen Interesse dafür fehlt, welches allein fähig wäre, ihre Kräfte zu einer höheren Anstrengung zu reizen. Dazu kommt, dass die meisten Menschen in dem irren Wahn leben, als ob von ihnen alles, was in dieser Sache geschehen soll, schon getan wäre. Dieser Wahn, das größte Hindernis aller wahren Selbsterkenntnis, ist eine Folge der uns so gewöhnlichen Trägheit, noch mehr aber eine Folge des Mangels von einem richtigen Begriff der Selbsterkenntnis. Jeder, der das magische Gleichgewicht erreichen will, muss sich nämlich fragen:

1. Ob und wie oft er über sich selbst meditiert? Ob er dies täglich macht? Ob die Wachsamkeit und das Nachdenken über sich selbst ihm zum Bedürfnis und Verlangen geworden sei?

2. Ob er sämtliche Eigenschaften und Leidenschaften kennt, die die Ursache seiner sämtlichen Handlungen sind, ob er sozusagen die Absichten seiner Absichten kenne?

3. Ob und wie oft er sich selbst kritisiert? Ob seine Urteile gerecht sind? Ob er sich im ganzen oder bloß nach einzelnen Handlungen, nach der Ursache oder nach den Wirkung beurteilt? Ob er bis ins kleinste seines Wesens vorgedrungen ist?

4. Er frage sich, welche Begriffe er von der menschlichen Natur, von ihrer Würde, Bestimmung und Vollkommenheit habe? Welcher der Maßstab und das Ideal sei, mit welchem er seinen Zustand vergleicht?

5. Er frage sich: Ob und wie oft er sich in veränderte entgegengesetzte Lagen und Situationen gedacht und sich dabei geprüft habe, ob sein Betragen unter ganz veränderten Umständen eben so gleich sein würde? Ob er wisse, wie viel die gegenwärtigen Umstände dazu beitragen, damit er so denke und so handle?

Finden meine Leser diese Fragen zu schwer und die Forderungen zu übertrieben, so würde ich mich bereit erklären, die Selbstprüfung auf zwei Fragen zu beschränken. Denn es beweist nur, dass wir, die wir im Wahn stehen, als ob wir alles erschöpft hätten, in dem Gebiet der praktischen Hermetik noch so weit zurück sind, dass wir kaum etwas mehr als Anfänger gelten können, indem es uns noch zur Stunde an allen Vorkenntnissen mangelt, um über uns eine wahre und entscheidende Meinung fällen zu können.

Wir wissen sogar nicht einmal, was wir sind, wer wir sind, was wir werden können und sollen. Wir vermuten und ahnen wenigstens hier ungleich mehr als wir wissen und zu beweisen imstande sind. Wir können uns sogar nicht einmal über den Zweck unseres Daseins ein universell gültiges Bild schaffen, wir sind daher noch immer unwissend, ob wir bewusst sterben und infolgedessen wiedergeboren werden oder nicht. Es geschieht dies nicht in der Absicht, um die Forderungen zu übertreiben und dem Menschen mehr aufzubürden, als seine Kräfte vermögen, aber die wahre Erkenntnis und Weisheit kommt erst beim Erreichen des Gleichgewichtes, und dafür sind alle Kräfte notwendig, um es zu erlangen.

14. Der Wert der Selbsterkenntnis!

Über der Eingangspforte des delphischen Orakels stand in großen Buchstaben einst geschrieben: **„Erkenne dich selbst!"** Wie diese Inschrift gerade an diese Stelle kam, ist uns heute bekannt: Das Orakel wurde als Stätte göttlicher Erleuchtung aufgefasst und man wusste, dass niemand dieser Inspiration teilhaftig wird, wenn er nicht vorher in den Besitz dieser Selbsterkenntnis, des magischen Gleichgewichts gekommen ist. Wer sie also übt, schreitet gewissermaßen über sich selbst hinaus, d. h. er vergöttlicht sich so weit, dass er ein klares, einwandfreies Urteil über jegliches Geschehen abgeben kann. Solange das nicht möglich ist, ist auch eine Höherentwicklung des Menschen nicht denkbar, seine ganze Entwicklung dreht sich gewissermaßen im Kreise herum, da sie den Punkt nicht finden kann, an dem ihr ein Übergang zu höheren Welten möglich ist. Es wird nicht jedem ohne weiteres möglich sein, diese Stufe der Entwicklung zu erreichen. Dafür aber gibt es Hilfsmittel, von denen eines der große Amerikaner Benjamin Franklin angibt: Er schrieb alle möglichen schlechten Eigenschaften, die er an sich selbst feststellte, auf einen Zettel und machte jeden Abend ein Kreuz dorthin, wo er an sich etwas auszusetzen hatte. Anfangs erschrak er über die große Anzahl von Kreuzen, aber zu seiner Freude wurden sie später immer weniger an der Zahl.

Diese Art wird zwar manchen etwas pedantisch erscheinen, aber sie hilft doch weiter und kann eines Tages durch mündliche Selbstprüfung ersetzt werden. D. h. man nehme jeden Abend diese Selbstprüfung nach dem Schema vor, nach dem man die unnötigen Eigenschaften geordnet hat, und man wird eines Tages an sich das gleiche Ergebnis erfahren. Unser Unterbewusstsein bildet mit Hilfe dieses Schemas gewissermaßen einen Schutzwall gegenüber allen schlechten Einflüssen, die uns von außen und innen zugesandt werden.

Bekannt ist, dass die Gewissensprüfung von jeher zu den Erziehungs methoden der katholischen Kirche gehört hat, die protestantische hat sie neben vielem anderen Brauchbarem achtlos über Bord geworfen. Um so erfreulicher ist es, dass die Hermetik wieder großen Nachdruck darauf legt – sie bildet neben den zahlreichen Konzentrations- und Meditations- übungen ein Hilfsmittel, das für den geistigen Aufstieg eines jeden unentbehrlich ist! Und wenn das selbst der Amerikaner B. Franklin gemacht hat, dann heißt das für uns erst recht, dass wir mit dem

Seelenspiegel mal richtig anfangen sollen, ihn zu bearbeiten. Die einzige Mühe dabei ist, die richtigen Eigenschaften zu finden und in den entsprechenden Rubriken einzuteilen. Alles weitere steht ja im „Adepten".

15. Die beiden Fluide

Sehr gut werden die beiden Fluide in Bezug auf das magische Gleichgewicht in der Zeitschrift „Zentralblatt für Okkultismus" beschrieben.

Polarität von Maria Lisso

Jede Erscheinungsform, das ganze Weltall in seiner unendlichen Mannigfaltigkeit ist dem Mystiker eine Offenbarung des Logos, Gottesgedanke in tausenderlei Gestalt. Diese sichtbar gewordene Gotteswelt um uns her, manifestiert in allen Reichen der Natur, ist der Ausdruck zweier Ströme, sie ist polarisiert. Auf dem Gesetz der polaren Spannung beruht Leben und Entwicklung, Gedeihen und Fortschritt.

Die großen Lebenswogen, die Welten entstehen und Welten vergehen, Manavantara und Pralaya, was sind sie anderes als urgewaltige Auswirkungen aktiver und passiver Lebensströme, elektrische und magnetische Ausgleichung der polaren Spannung, bedingt durch gegensätzliche Pole? Wer ein Gefühl hat für das Universelle, etwas ahnt von dem großen kosmischen Rhythmus, der alles Erschaffene umspannt, der wird ein Verständnis haben für das Wort: „Wie oben so unten". Was sich hier unten als Anziehung und Abstoßung schöpferisch regt in der getrennten Menschheit, das waltet als Schöpferwille im ganzen Universum. Positive und negative, elektrische und magnetische Kräfte und Ströme wirken schaffend und zerstörend im Makrokosmos, wie sie Leben und Vernichtung im Mikrokosmos bedingen. Mann und Frau sind die zwei Kraftformen dieser Polarisierung. In jedem Menschen schlummern beide Geschlechter, das Gesetz der Inversion spricht eine gewaltige Sprache. Jeder von uns trägt beide Prinzipien in sich, und es sind gerade die Begnadetsten unter uns, der Schaffende, der Künstler, das Genie, dem jede Zweiheit Quell und Keim schöpferischen Gestaltens wird. Mann und Frau sind die zwei Aspekte des einen Gottesgedankens, und vereint erst machen sie den ganzen Menschen aus.

Zeus zerschnitt den Menschen in zwei Hälften, sagt Plato, und nachdem dies geschehen war, sehnte sich jede nach seiner anderen Hälfte. Hier ruht verborgen das Geheimnis, warum Mann und Frau sich suchen und finden müssen durch alle Zeiten. Es ist das Gesetz der Polarität, das hier zur Auswirkung mit Naturnotwendigkeit kommt. Die getrennten Pole der

Menschheit streben nach Vereinigung und damit nach Ergänzung ihres Seins.

Wie äußert sich nun das elektrisch-magnetische Prinzip in Hinsicht auf die physische und psychische Organisation des Menschen? Bei der Mehrzahl sind beide Lebenskräfte, die jeder in sich vereint, nicht im Gleichgewicht; das eine oder andere ist vorherrschend, der Mensch ist entweder Hammer oder Ambos im Lebenskampf und in seiner Einstellung zur Mitwelt. Einige wenige Begnadete haben beide Faktoren im Gleichgewicht. Elektrismus und Magnetismus halten sich die Wage, Kopf und Herz können sich in harmonischer Wechselwirkung betätigen, die Harmonie ist hergestellt, der polare Ausgleich vorhanden. Ein gütiges Geschenk von Mutter Natur oder besser: Evolution, ein in ungezählten Erdenleben erarbeitetes Resultat. Diese harmlose Basis ist symbolisiert durch die Linienformation eines schönen lateinischen M in beiden Händen, ferner in gleichmäßiger Entwicklung der Kopfform, bei der keines der drei (vier!) Temperamente ein Übergewicht zeigt, und durch fließende Linien ohne Ausbuchtung und Vertiefung. Der harmonische Mensch erfreut sich eines ausgeglichenen Seelenlebens, einer Neigung zu heiterer Ruhe und zum Frieden, strahlt Harmonie und Liebe aus und dient so dem aufbauenden, schöpferischen Prinzip. Anders der vorherrschend Elektrische oder Magnetische. Bei ihm ist keine Harmonie, sondern Disharmonie, Überentwicklung der einen Kraft auf Kosten der anderen in mehr oder weniger starkem Graden. Und eben darum müssen die beiden entgegengesetzten Kräfte unserer Natur ins **Gleichgewicht** *gebracht, der polare Ausgleich angestrengt und damit Harmonie erzielt werden.*

Beides sind Zustandsformen, in welcher sich jedes der drei (vier!) bekannten Temperamente des Menschen: Das materielle, spirituelle und intellektuelle befinden kann und welche mehr oder weniger geändert werden können, während die Basis des Individuums konstant bleibt. Sie ist der Wesensgrundton, in dem die Individualität inkarniert ist.

Ein Mensch, der auf seine Umgebung sofort anziehend wirkt, ist mehr elektrisch, positiv. Er strahlt Wärme, Liebe, Sonne aus, gibt ab von seinem Überfluss, er herrscht. Im Lebenskampf kann er somit mehr Hammer als Ambos genannt werden, wogegen der magnetisch Negativ zunächst leicht kühl und reserviert wirkt und keine Anziehungskraft ausstrahlt. Gewiss wirkt sein Magnetismus auch anziehend, wie ja der Magnet das Eisen anzieht, doch sind es Kraftströme aus dem Äther, die der Magnetische an sich zieht, die er zu seinem eigenen Aufbau verwendet, da er im Gegensatz zum Elektrischen mehr nach geistiger Entwicklung strebt, ein Innenleben führt und getragen ist von einem geistigen Moment, von geheimnisvollen Wellen, die den Elektrischen anziehen, der dann von ihnen zehrt, bewusst oder unbewusst. Die spirituelle psychische Triebkraft, die sich im spirituellen Hochschädel ganz besonders ausdrückt, ist der Träger des magnetischen Temperaments. Die Rund- und Breitschädel dagegen sind die Vertreter des Elektrismus, der sich mehr nach außen hin auswirkt, der das in der Materie nach Ausdruck und Form ringende Prinzip ist, das Kraft, Festigkeit, Ausdauer verleiht, vereint und gesellig macht. Elektrische Menschen haben stärkere Beziehungen zum realen Leben mit allen seinen Anforderungen als magnetische; darum stellt sich uns Elektrismus dar als die beharrende, anziehende, konzentrierende und zentralisierende Kraft, als das männlich positive Prinzip.

Magnetismus dagegen ist das weiblich negative, verbreitende, ausführende Prinzip, die flüchtige, ätherische Kraft, die lebenschützende Essenz, in welcher die Körper leben, weben und sind. Magnetische Menschen sind mehr auf geistigen Fortschritt und Entwicklung eingestellt, ihnen eignen künstlerische und ethische Triebe, Beziehungen zur unsichtbaren Welt. Sie bedürfen der Anregung und haben Bewegungsdrang in physischer und psychischer Hinsicht. Sensibel und feinnervig, empfänglich für alle Schwingungen der Umwelt, werden sie leichter beherrscht und sind darum auch mehr Ambos als Hammer in ihrer Einstellung zum Leben und zu ihren Mitmenschen.

Die magnetische Atmosphäre eines Körpers kann von fein empfindlichen Gefühlssinnen wahrgenommen werden, denn unsere Ausstrahlung geht vor uns her und in diesen Schwingungen offenbart sich das eigentliche Menschentum, unsere innerste Natur. Sie sind die Wellen, durch welche der Mensch auf seine Umgebung wirkt. Hierauf beruht alle Sympathie und Antipathie, jene geheimnisvollen Kräfte, die einem unterbewussten Sein angehören und darum unabhängig von unserem Willen, zwingend aber in ihrer Auswirkung und uns so oft ganz unverständlich sind.

*Auf welche Weise kann nun ein **Gleichgewicht** beider Lebensfaktoren, der polare Ausgleich, zustande kommen, der doch vor allen Dingen angestrebt werden sollte? Gehen wir weit zurück in alte Zeiten, da Zarathustra die Weisheitslehren des Zend-Avesta verkündete, so finden wir dort die erste Antwort. Wörtlich heißt es da: „Bewusstes Leben, harmonisches Zusammenwirken unserer positiv-negativ elektromagnetischen Kräfte beruht auf einer guten Atempflege. Atem ist Leben! Das Bewusstsein der*

Seele ist bedingt durch den Zustand der Ausgleichung von Elektrismus und Magnetismus, von Sushumna und Kundalini, d. h. harmonischem Zusammenwirken von Rückenmark und Nervensystem. Diese lebenden Energien durch den bewussten Atem aufgenommen, versetzen die schlummernden Ganglien in Schwingung und erzeugen so elektrisches Fluidum. Je tiefer und voller die Atmung, desto mehr werden beide Kräfte entwickelt." – Sind diese schon von großer Bedeutung für die physische Organisation des Menschen, wie viel mehr noch in psychischer Hinsicht. Wir werden sehen, wie tief bedeutsam sie sich auswirken im Zusammenleben der Einzelnen, wie einschneidend ihre Bedeutung ist für jegliche Beziehung, die Menschen untereinander knüpfen können.

Dem Dualismus zufolge trägt ein jeder beide Lebenskräfte in sich. Da jedoch die eine schwächer entwickelt ist als die andere, ausgenommen beim harmonischen Temperament, welches infolge des polaren Ausgleiches befähigt ist, bewusst und gewollt seine elektrischen Strahlen auszusenden und anziehend wirken zu lassen, ebenso wie er sich auch dort magnetisch einstellen kann, wo es gilt, in negativer Einstellung aufzunehmen oder sich vor üblen Einflüssen der Umwelt zu schützen – ausgenommen also dort, wo eben die Harmonie bereits vorhanden ist, muss durch Austausch eine Ausgleichung angestrebt werden. Eine notwendige Forderung, diese Ergänzung, für jedes fruchtbare, fördernde Zusammenleben der Menschen. Wir alle haben gewiss schon die gleiche Beobachtung gemacht, dass zwei ganz verschiedene Menschentypen sich glücklich zu ergänzen vermögen. Die Huter'sche Psychophysiomimik äußert sich über solche Ausgleichungsmöglichkeiten folgenderweise: Der spirituell Basierte als betont magnetischer Mensch wird seine Entwicklungsmöglichkeiten beim Harmonischen finden, während er vom physisch Elektrischen leicht beherrscht, ja tyrannisiert werden wird. Der spirituelle Empfindungstyp, dessen Gefühlsleben sehr empfindlich und feinnervig ist, hat die stärksten tragischen Konflikte mit sich und der Umwelt auszufechten und kann, wenn alleinstehend, leicht darin zugrunde gehen. Anlehnung und Ergänzung ist für dieses Temperament direkt eine Notwendigkeit. Anderseits muss der Intellektuelle, besonders wenn er zu intellektueller Überentwicklung neigt, seinen Ausgleich beim physischen sowie auch beim spirituellen Temperament suchen und finden. Ersterer, also der intellektuell Basierte, wird seinem dem realen Leben mit seinen physischen Unterlagen oftmals ganz abgewendeten Innenleben, seiner oft allzugroßen Weltfremdheit und falschen Einstellung den Anforderungen des praktischen Alltags gegenüber eine wohltuende Richtung zum Realen, zur Wirklichkeit und somit Ergänzung von Seiten des physischen oder materiellen Temperamentes erhalten. Bei Überentwicklung, die zu einem allzu kalten, begrifflichen, nüchternen Denken neigt, wird der Intellektuelle sehr wohltätig beeinflusst werden können durch den Ausgleich eines spirituellen Partners, dessen warmen Gefühle und Empfindungskräfte, oftmals schwunghafte Begeisterungsfähigkeit, lebhafte Phantasie und leiden- schaftlich gefärbtes Innenleben wohl imstande sind, hier ausgleichend zu wirken.

Bis in die Einzelheiten des Alltags hinein greift die Gesetzmäßigkeit, die Auswirkung von elektrisch-magnetischen Strahlungen. Sensible, fein-nervige Menschen werden natürlich noch in besonderem Grade davon berührt, und hier liegt der Grund für oftmals ganz unerklärliche Erfolge oder Misserfolge. Arbeitet z. B. in einer Arbeitsgemeinschaft ein Elektrischer mit einem Magnetischen zusammen und ist ersterer der Vorgesetzte, der Beherrschende, so kann von vornherein ein ersprießliches Zusammenarbeiten angenommen werden, wenn eine ziemlich gleiche ethische Grundlage der Charaktere vorhanden ist. Schwieriger wird sich die Lage schon gestalten, wenn der Magnetische der Befehlende ist, da Elektrismus zum Herrschen disponiert. Jedenfalls ist aber immer noch ein besseres Auskommen, ein friedlicheres Zusammenwirken gesichert, alswenn zwei elektrische Partner sich verbinden oder zwei magnetische.

So ist es überall dort, wo Menschen aufeinander angewiesen sind in Arbeit, Beruf, Geselligkeit.

Anziehung und Abstoßung, Sympathie und Antipathie, sie binden und lösen in unbegreiflicher Weise, greifen ein in die Beziehungen der Menschen zueinander. Viel tiefer und rätselhafter walten da geheimnisvolle Kräfte von Mensch zu Mensch, von Mann und Frau, als es die meisten ahnen mögen. Ganz wunderbar kann durch die Ausstrahlung seiner Umwelt ein Mensch in seinem Sein erhöht oder tief hinabgedrückt werden.

Wie nun die Kenntnis der Auswirkung von elektrischen und magnetischen Kräften eine notwendige Forderung ist für das tägliche Leben, für die engsten Beziehungen, die Menschen untereinander knüpfen können, für Liebe und Ehe ist sie ganz unerlässlich. Ein jeder soll sich deshalb vertraut machen mit dem Gesetze der Polarität. Hier liegt verborgen der geheimnisvolle Schlüssel für Steigerungs- und Ergänzungsmöglichkeiten, und Liebes- und Eheglück steht und fällt mit ihm.

„Liebe ist geistige Verwandtschaft, die auf Ergänzung der Temperamente beruht und zu einer harmonischen Einheit führt", so lehrt die alte

zarathustrische Zendphilosophie. *„Solche Liebe allein verleiht Glück für das ganze Leben. Im Zustand vollkommenster Polarität ist die Liebe vollkommen."*

Was ist Liebe? Wie kommt sie zustande? Auch darüber klärt uns jene Philosophie auf, indem sie sagt: „Begegnen sich zwei Personen verschiedenen Geschlechtes, deren Temperamente sich vollständig ergänzen, so elektrisiert eines das andere vom Kopf bis zu den Füßen körperlich und geistig. Keines von ihnen hat früher etwas ähnliches erlebt. Diese zwei Wesen ziehen sich sofort an und verbinden sich wie positive und negative Kräfte. Beide können den elektrischen Strom, diese Belebung, den Liebesaustausch, fühlen, wenn sie sich die Hand reichen. Wenn eben der harmonische Austausch dieser beiden Lebensfaktoren stattfindet, lieben sich Mann und Frau.

Sind diese Vorbedingungen gegeben, so entsteht aus dieser Verbindung das helle Feuer der Liebe. Sie empfinden ein glückliches und beruhigendes Gefühl, wenn sie beieinander sind, und sind sie getrennt, fehlt dem einen jene belebende und ausgleichende Strahlung des anderen. Nun ist die Einstellung des Elektrischen hinsichtlich seiner Liebe eine andere als die des Magnetischen. Wie ersterer materiell gesinnt ist, sich mehr nach außen hin zu entfalten sucht, fester verknüpft ist mit der stofflichen Welt als der andere, sich gern hineinziehen lässt in den lauten Trubel der Geselligkeit, durch seine warmen, anziehenden Strahlen Menschen und Dinge des äußeren Lebens in seinen Bannkreis zu ziehen weiß, so ist seine Liebe eben auch mehr oberflächlicher, egoistischer Art. Geld und Gut sind ihm eine willkommene Zugabe bei seiner Wahl, und auf das Äußere der oder des Erwählten legt er großen Wert; während der Magnetische weniger auf die äußere Erscheinung sieht um geistiger Werte willen und, selbst mehr eingestellt auf geistigen Fortschritt und Entwicklung, selbstloser ist in seiner Liebe, denn sie entstammt der inneren geistigen Anziehungskraft. Angezogen von den warmen Wellen der Liebe und Herzlichkeit des elektrischen Partners, die wohltuend auf seine kühlere, reserviertere Art wirken, folgt er unwiderstehlich dieser belebenden Kraft, glaubt sie nicht entbehren zu können, diese warme Sonne, und ist ihr schließlich verfallen wie die Motte dem Licht. Das Gesetz der Anziehung verbindet diese zwei entgegengesetzten Pole, eines zehrt von den Geistes- und Seelengaben des anderen, jeder nach seiner Weise. Da aber der magnetische Teil der feinnervigere, sensiblere ist, so ist er auch leichter zu beherrschen und wird oftmals ausgenutzt über seine Kraft, bis es schließlich zum Zusammen-

bruch kommt.

Die belebenden, ausgleichenden Wellen offenbaren den glücklichen Austausch, das reiche Gedanken- und Seelenleben, das aus der Fülle und Tiefe seines Erlebens quillt, womit sich ein elektrischer Gefährte dann mühelos bereichert, der von all dem Reichtum, der vor ihm ausgebreitet liegt, nur einen kleinen Teil aufnehmen kann. Und so strömt der magnetisch Spirituelle seine besten Kräfte nutzlos in den Weltenraum hinaus. „Der extrem Elektrische besitzt Liebe im höchsten Sinne nicht", so verkündet zarathustrische Weisheitslehre. „Er kennt nur Sympathie und Antipathie und verliert sich leicht in Affekt und Leidenschaftlichkeit. Ist sein magnetischer Partner geistig hochstehend genug, um ihn seiner niedrigen Sphäre zu entreißen, so kann er sich wohl allmählich zu wirklicher Liebe emporentwickeln. Aber die Liebeskraft des anderen erschöpft sich dabei, er sinkt hin und stirbt. Wenn dann der Überlebende sehr bald zu einer neuen Wahl schreitet, so handelt er eben nur seiner Natur nach, die ein längeres Alleinsein nicht ertragen kann." – So sollten wir überall den letzten Ursachen nachgehen und Menschen in ihrem Sein zu verstehen suchen, diesem Sein, das begründet ist durch eine Gesetzmäßigkeit, und zurückhalten mit schnellem, lieblosem Urteil.

Nun kommt es wohl vor, dass ein magnetischer Mann eine magnetische Frau liebt und heiratet. Das Gesetz der geistigen Anziehungskraft verbindet diese zwei Spirituellen im Streben nach Verwirklichung ihres Lebensideals. „Solange Liebende im Verhältnis einer reinen Liebe zueinander stehen, werden sie durch den Austausch ihres Magnetismus wachsen und immer glücklicher werden, falls sie nicht häufig zusammen sind", lehrt die alte Zendphilosophie. In diesen Pausen des Getrenntseins können die elektrischen Wellen sich wieder frei entwickeln und die magnetischen Kreise werden beruhigt. Aus der Entfernung senden sich beide die magnetischen Schwingungen der Liebe zu, die ein Ausdruck wahrer Liebe sind. In der Nähe eines solchen beiderseitig magnetischen Paares hört dieser Austausch allmählich auf, die Liebe schwindet, das Leben wird eintönig und zur Last, sie werden sich auch körperlich abstoßen, weil eben nur das eine Prinzip herrscht. Ständige Reibereien und Missverständnisse sind die Folge." – Gleiche Pole stoßen sich ab und Naturgesetze lassen sich nicht ungestraft umgehen.

Also muss der Irrtum einer Stunde, da das bindende Ja gesprochen wurde, mit einem ganzen Leben voll Enttäuschung bezahlt werden? Gibt es keine Hilfe, keinen Ausweg? – Auch diesen finden wir in den alten Weisheits-

65

lehren, die von einer hohen Kenntnis der Gesetzmäßigkeit im Walten der Kräfte zeugen, und lesen in ihnen weiter: „Um eine solche auf dem gleichen Prinzip aufgebaute Ehe auf die Dauer erträglich zu gestalten, ist eine zeitweilige längere Trennung unbedingt notwendig. Die überreizten magnetischen Kreise müssen Zeit haben, sich wieder zu beruhigen, und der durch Überreizung ausgenutzte Elektrismus muss Zeit gewinnen, sich wieder neu zu entfalten. Beide Teile müssen das **Gleichgewicht** in sich wieder erreicht haben." Hier liegt der praktische Grund, warum eine Trennung so wohltuend und neu belebend zu wirken vermag. Dauerndes Zusammensein beraubt die Strahlungen und Schwingungen ihrer Kräfte, bringt sie zur Vernichtung; darum wird zeitweilige Trennung zur erlösenden und befreienden Erneuerung und Heilkraft werden.

Das gleiche unharmonische Resultat wird sich natürlich auch ergeben, wenn sich stark Elektrische für die Ehe verbinden, und zwar noch in weit negativerem Sinne, weil dann infolge des schwach entwickelten Magnetismus das Fehlen des spirituellen, geistigen Prinzipes beiden zum Verhängnis werden muss. Sie versinken allmählich ganz im Materialismus, das geistige Moment der Liebe verschwindet allmählich gänzlich, sie verlieren sich in Leidenschaftlichkeit und entfernen sich damit mehr und mehr von einander. Seelisch-moralischer Niedergang ist dann unvermeidlich.

Aber all die Einsamen und Verlassenen, sind sie ausgeschlossen von der Gnadenwirkung eines harmonischen Ausgleiches? Ihnen fällt eine schwere Lösung dieser Aufgabe zu, eine Lösung jedoch, geht sie erfolgreich durch Kampf und Leid hindurch, die ihnen ein höheres ethisches Ziel verwirklicht, eine Harmonie schenkt, der nur wenig Sterbliche teilhaftig werden. Unsere vielgenannte alte Lehrmeisterin aus grauer Zeit zeigt uns dieses Ziel, indem sie lehrt, dass dann der Ausgleich im Individuum selbst stattfinden kann, und sieht darin den Grund, dass Frauen und Männer noch zuweilen im hohen Alter eine gewisse Jugendlichkeit zurückerhalten. Wir lesen darüber Folgendes: „Jedermann sucht sich sein Ideal, seinen Lebens- gefährten. Solange man ihn im Anderen sucht, wird man vergeblich suchen müssen, erst wenn man ihn in sich selbst erkennt und seiner vollkommen bewusst wird, dann wird Zufriedenheit und Glück einkehren." Mit anderen Worten: Der polare Ausgleich ist in ihm eben selbst vollzogen, die Harmonie ist hergestellt worden.

Wie stellen wir modernen Menschen uns nun zu diesem Punkt der uralten Weisheitslehren ein? Wohl kaum vermögen wir jene in dieser Form zu *unterschreiben, wenigstens nicht für die große Masse, welche doch die Tatsache der Ergänzung im anderen Geschlecht unbedingt noch notwendig hat. Alleinsein, dauernde Einsamkeit und Absonderung ist nicht natur-gewollt, und überall dort, wo die absolute Trennung der Geschlechter stattfindet, waren Misserfolge zu verzeichnen. Man denke an die Klöster oder an die einseitige Entwicklung, die weltfremde Einstellung zum Leben der Einsiedler, an die Absonderlichkeiten und Seltsamkeiten derjenigen, die dauernd allein leben. Ein jeder suche sich seine Ergänzung im anderen Geschlecht. Mann und Frau sind die zwei auseinandergerissenen Pole, die sich suchen und finden müssen; vereint erst machen sie den wahren Menschen aus. Warum wohl kommt es vor – und nicht gar so selten –, dass, löst der Tod den einen Lebensgefährten von der Seite des anderen mit ihm in innigster Gemeinschaft ein Leben lang verbunden gewesenen, der Überlebende ihm ganz schnell nachfolgen muss? Der lebendige Strom, die Kraftquelle, die ihn gestützt und ernährt hatte, das Element, in dem er gelebt, das er gebraucht, das war nun plötzlich abgeschnitten. Der Lebensstoff, der ihn getragen und erhalten, war vernichtet worden. Was war das anders als ein vollkommener Ausgleich elektrischer und magnetischer Kräfte, der hier unterbrochen worden war?*

Jene Offenbarung des Geistes, der in der ganzen Natur nirgend eine ausschließlich männliche und ausschließlich weibliche Form geschaffen hat, bedingt die Vereinigung beider Prinzipien, auf welcher alles Leben und Wachstum beruht, denn „in der Ergänzung durch andere Geschlechter findet das Gesetz der Polarität seinen vollkommensten Ausdruck."

Und dennoch, was für die Masse gilt, braucht nicht mehr Gesetz zu sein für Einzelindividuen, für die Höchstevolvierten der Menschheit! Wer sich bewusst aufbauen will, braucht immer wieder Einsamkeit, denn nur in der Stille sind wir in Verbindung mit den belebenden Kräften und Strömen des Alls, deren stärkste die unsichtbaren wie auch die schweigsamen sind. In Verbindung mit dem Allgeist schöpfen wir an der tiefsten Quelle, ergänzen, erneuern und harmonisieren wir unser Sein und vermögen danach auszuströmen, was uns zufloss.

Das Erlebnis Goethes, der uns jenes „Stirb und Werde" vermittelte, führt uns durch die Pforte unserer geistigen Wiedergeburt zu unserem anderen Ich, zu unserem höchsten Selbst. In unserem eigenen Innern sind dann jene Doppelschwingungen vereint zum harmonischen Mitschwingen im großen Rhythmus. Im höchsten und endlichen Sinne kann auch nur so das Gesetz der Polarität seine Erfüllung finden.

*Wir wissen es, dass eine ferne, ferne Entwicklungsperiode der Menschheit dieses Ideal wieder verwirklichen wird. Was einstmals in abgelaufenen Jahrmillionen, in alten Zeiten unserer Urväter, leiblich-seelische Organisation als eine Einheit beider Prinzipien in sich getragen, das einst als wieder zur Wirklichkeit zu gestalten, liegt beschlossen im Weltenplane – so lehrt die Geisteswissenschaft – in den Entwicklungsgesetzen einer fernen, reiferen Menschheit, nachdem sie viele Inkarnationen durchlaufen und auf einer Höhe ihrer Evolution angelangt sein wird, die unseren jetzigen Sinnen noch unfassbar sein muss. Uns aber, die wir im Stofflichen noch um das **Gleichgewicht** unserer Seele ringen müssen, gilt noch immer das Wort: „Zeus zerschnitt den Menschen in zwei Hälften – sagt Plato – und nachdem dies geschehen war, sehnte sich jeder nach seiner anderen Hälfte." So müssen sich diese auseinandergerissenen Pole suchen und finden durch alle Zeiten, um, nach Plato, durch die Liebe zueinander vereint, zu der alten Natur zurückgekehrt, zu versuchen, aus Zweien ein Ganzes zu machen.*

Auf der Trennung und Differenzierung der Geschlechter beruht die polare Spannung und somit die Notwendigkeit des Ausgleiches der Polarität."

*

Anmerkung:

Dass Franz Bardons Werk „Der Weg zum wahren Adepten" fehlerfrei ist, bezeugt die Aussage über die Übungen mit den beiden Fluiden in der 8. Stufe: „Würde diese Übung und alle weiteren ein leidenschaftlicher Mensch vornehmen, der das volle magische Gleichgewicht nicht erreicht hat, würde er durch die Aktivierung seine Leidenschaften nur noch heben. Er wäre dann kaum mehr in der Lage, seine Leidenschaften zu beherrschen, und sie könnten ihm zum Verhängnis werden."

Zur Bestätigung dieser Bemerkung kann ich die Schrift von Peryt Shou „Der Verkehr mit Wesen höherer Welten" heranziehen, in der er über das elektromagnetische Prinzip in der indischen Form des „Pingala" und „Ida" schreibt. Um nicht zu glauben, dass man mit Hilfe dieser beiden Grundkräfte den Ausgleich schneller und einfacher zustande bringt, zitiere ich hier den obengenannten Autor (S.34): *„Eine falsche Anwendung aber jener Kraft, die im Inneren des Körpers zirkuliert und durch magische Manipulationen in zwei Pol-Ströme sich scheidet, bringt Gefahren mit sich. Wer an die Schwelle der Logoswelten herandringt, und das faustische Experiment vollzieht, muss durch einen starken Glauben an das „gute*

Prinzip" gewappnet sein. Sonst wird er im Sinne des Yoga das Schlagenfeuer nicht bezwingen, sondern nur stärker anfachen und dem „Hunde der Schwelle", dem „schwarzen Hüter" zur Beute fallen. "

16. Die Temperamente

Dieser Aufsatz „Die Temperamente" von A.K. entstammt der gleichen obigen okkulten Zeitschrift und ist grob gesehen identisch mit dem, was Bardon in seinem „Adepten" geschrieben hat. Ich zitiere diese Schrift aus dem Grunde, damit man sieht, dass Franz Bardon mit seinen Aussagen recht hat, auch wenn bisher wenige darüber geschrieben haben.

> *„ Vier Elemente,*
> *Innig gesellt,*
> *Bilden das Leben,*
> *Bauen die Welt. "*

Aus den vier Elementen, von denen hier Schiller spricht, setzt sich die Welt, die große Welt, der Makrokosmos, zusammen und ebenso der Mensch, die kleine Welt, der Mikrokosmos. Und wenn man dieses als Tatsache nimmt und bedenkt, dass das Körperliche, das Physische, auf das Seelische, Psychische, des Menschen Einwirkung hat, so ist es auch leicht zu erklären, dass die Elemente auch Einfluss auf die Temperamente des Menschen haben.

Die vier Temperamente des Menschen sind, wie ja wohl allen Lesern bekannt, folgende: Das cholerische, melancholische, sanguinische und phlegmatische. Jeder Mensch neigt nun vorwiegend zu einem von diesen Temperamenten, obgleich eigentlich alle vier in jedem enthalten sind, das eine mehr, das andere weniger.

Zur Illustrierung dieser vier Temperamente kann folgendes kleine Beispiel dienen, wie sich die verschiedenen Menschen benehmen, wenn ihnen beim Gehen ein größerer Stein im Wege liegt. Der Choleriker wird zornig, dass ihm da jemand einen Stein in den Weg gelegt hat und stößt ihn mit dem Fuß beiseite; der Melancholiker bleibt sinnend davor stehen, überlegt sich, wie er darüber hinwegkommen kann und kehrt unter Umständen gar wieder um, da er diese Tatsache als ein böses Omen betrachtet; der Sanguiniker springt leichtfüßig darüber hinweg und der Phlegmatiker steigt bedächtig, ohne sich aus der Ruhe bringen zu lassen, auf den Stein hinauf und auf der anderen Seite wieder hinunter.

Das cholerische Temperament entspricht dem Feuer, dem heißen; das melancholische, schwermütige Temperament wird durch das Wasser dargestellt, denn das Rauschen und der Wellenschlag des Meeres ist entschieden geeignet, schwermütige, träumerische Stimmung noch zu erhöhen. Das sanguinische Temperament wird durch die Luft, den Wind gekennzeichnet, denn wie der Wind alles verweht, so haftet auch beim Sanguiniker nicht so leicht etwas, sondern es verfliegt wieder und hinterlässt keinen tiefen Eindruck. Dem phlegmatischen Temperament entspricht die Erde, das feste Element, welches im Verhältnis zu den anderen schwer zu bewegen ist.

Jedes Element hat nun, wie ja alles in der Welt, eine Licht- und eine Schattenseite, eine gute und eine schlechte, je nachdem, in welcher Art sich dasselbe äußert. Die gute Seite des cholerischen Temperaments ist die Energie, die Gabe, das vorgesteckte Ziel zu erreichen; die schlechte Seite ist der Zorn, das Aufbrausende, sobald sich Hindernisse in den Weg stellen, mögen sie nun materieller, intellektueller oder geistiger Natur sein. Das melancholische Temperament entwickelt als Lichtseite das sorgsam Überlegende, die zarte Rücksichtnahme auf andere, die Fähigkeit, das zu erkennen, was anderen weh tun könnte, und die Absicht, dieses zu vermeiden; die Schattenseite ist die Schwermut, die Zweifelsucht, das Hin- und Herschwanken, welches schon manchen Menschen in den Tod getrieben hat. Das Gute am sanguinischen Temperament, welches ein starker Antrieb zum Vorwärtsstreben wird, ist der Optimismus, die Hoffnungsfreudigkeit; das schlechte daran ist die Oberflächlichkeit, welche allerdings ein großes Hindernis in der Entwicklung des Menschen ist. Das phlegmatische Temperament wirkt gut, wenn es sich als Ruhe äußert, als inneres Gleichgewicht, denn dieses ist nötig, um in den Wirrsalen des heutigen Lebens einen festen Halt zu finden. Im anderen Falle, wenn es sich von der schlechten Seite zeigt, kann aber das phlegmatische Temperament auch ein großes Hindernis darstellen, denn dann kommt der Besitzer desselben nur soweit vorwärts, als er von anderen Menschen oder durch gute oder schlechte Verhältnisse geschoben wird.

Die verschiedenen Temperamente haben nun untereinander in ihrer Wirkung Gegensätze, sowie auch Ähnlichkeiten, je nachdem, von welcher Seite man sie betrachtet, oder bildlich gesagt, welche Farbe die Brille trägt, durch die man sie ansieht. Der Choleriker und der Sanguiniker kommen beide schneller an das Ziel als die Übrigen, denn was der erstere durch Energie erreicht, erlangt der letztere durch das Erfülltsein mit Hoffnungsfreudigkeit. Ebenso besteht auch eine Ähnlichkeit zwischen dem Choleriker und dem Melancholiker, sobald sie beide die gute Seite dieser

71

Temperamente entwickeln; dann ist der Choleriker fähig, vermöge seiner Energie schnell in eine intellektuelle oder geistige Sache einzudringen. Der Melancholiker erreicht dies durch tiefes Nachdenken. Das cholerische und phlegmatische (melancholische!) Temperament stehen sich nun direkt diametral gegenüber, denn was der eine durch seinen Zorn verdirbt, erreicht der andere durch seine Ruhe – oder entgegengesetzt angesehen: Was der Choleriker durch seine Energie erreicht, versäumt der Phlegmatiker durch seine Schlafmützigkeit. Der Choleriker mischt sich infolge seines übereifrigen, explosiven Temperaments in manche Angelegenheit hinein, die ihn vielleicht gar nichts angeht; der Phlegmatiker (Melancholiker!) dagegen versäumt manches, was er tun könnte, oft sogar das, was seine Pflicht ist oder wenigstens dafür angesehen wird. Durch die Gegensätze sind diese beiden aber auch wieder befähigt, sich gegenseitig zu ergänzen, an einer Sache zusammen zu arbeiten, denn bei jeder Sache ist Energie nötig, um sie durchzuführen, aber auch wieder die Ruhe, welche vor Übereilung schützt. Der Sanguiniker und der Phlegmatiker bilden auch entgegengesetzte Pole. Der Sanguiniker, im ungünstigen Sinne genommen, überlegt überhaupt nicht lange und handelt, wenn er auch denkt, dass das Unternehmen schließlich nicht glücken könnte, er geht nach dem Grundsatz: „Wer wagt, gewinnt", während der Melancholiker (Phleg- matiker!) im ungünstigen Falle durch sein zu langes Überlegen und Grübeln gar nicht dazu kommt, das auszuführen, was er eigentlich wollte, sondern vor den Hindernissen, die der Sanguiniker spielend überwindet, zurückschreckt. Wenn dagegen ein Sanguiniker und ein Melancholiker (Phlegmatiker!) mehr die bessere Seite ihres Charakters entwickelt haben, so sind sie befähigt, eine Sache gemeinsam zum Ziele zu führen, denn der Erstere ist von Hoffnungsfreudigkeit erfüllt und glaubt an den Erfolg der guten Sache und der letztere überlegt sorgsam, wie es am besten durchgeführt werden könnte.

Der Melancholiker und Phlegmatiker haben nun in ihrer Wirkungsweise wieder gewisse Ähnlichkeiten, denn sie zaudern beide; der eine vor den Schwierigkeiten, die sich in den Weg stellen könnten, der andere vor der Arbeit überhaupt, da sie ihm unbequem ist. Der Melancholiker hält Kleinigkeiten für die größten Hindernisse und der Phlegmatiker denkt, die Arbeit ist nur für die Dummen oder er geht von der Ansicht aus, dass sich für diese Arbeit schon ein anderer finden wird. Und nun könnte man als Letztes noch den Sanguiniker und den Phlegmatiker miteinander in

Vergleich ziehen. Vom schlechten Aspekt aus betrachtet haben beide eine gewisse Ähnlichkeit: Sie strengen sich beide nicht gern übermäßig an; der eine, weil er vielleicht das, was er tun könnte, für überflüssig, unnötig hält, der andere aus dem Grunde, weil es ihm zu viel Mühe macht. Von einer anderen Seite betrachtet kann man sich aber auch wieder keinen größeren Unterschied denken als diese beiden, denn der Sanguiniker wird infolge seines Temperamentes eine Arbeit schnell erledigen, der Phlegmatiker aber langsam.

Und nun könnte man noch zum Schluss die Frage aufwerfen, gibt es ein Temperament, welches fähig ist, den Menschen glücklich zu machen und ihm die Befähigung zu geben, seinen Mitmenschen zu nützen und die Entwicklung der gesamten Menschheit vorwärts zu bringen? Diese Frage kann man sicher mit „Nein" beantworten, denn solange ein Temperament im Menschen die anderen **beherrscht,** *ist der Betreffende noch nicht* **harmonisch** *entwickelt, was erst dann erreicht ist, wenn er die guten Eigenschaften aller Temperamente in sich vereinigt. Das ist das hohe Ideal, nach dem wir alle streben sollen, und ein Mensch, der dieses in sich verkörpert, müsste ungefähr folgende Eigenschaften haben: Er müsste soviel Melancholie, Nachdenklichkeit, Vorsicht besitzen, um sich genau zu überlegen, wie er seinen Mitmenschen das Gute bringen oder lehren kann, ohne sie zu beleidigen, ohne sie zu schädigen, und über soviel cholerisches Temperament, Energie, Tatkraft verfügen, um das Wohlüberlegte auch durchführen zu können. Ferner braucht er dazu auch sanguinisches Temperament, Optimismus, damit er überzeugt ist, dass sein Tun auch Zweck hat und zu einem guten Ende führt, sowie phlegmatisches Temperament, damit er den nötigen Gleichmut besitzt, wenn das Gute, das er will, nicht die nötige Beachtung findet und nur wenige da sind, die sich bemühen, seinen Weisungen zu folgen.*

17. Der goldene Schnitt

Ich will dieses Thema nur kurz anschneiden, da es sich in gewisser Weise mit dem magischen Gleichgewicht deckt. Das Teilungsverhältnis des goldenen Schnittes, welche die goldene Mitte symbolisiert, ist eine der wunderbarsten Erscheinungen. In ihm liegt nicht nur das Grundgesetz für den Aufbau und die Gliederung des menschlichen Körpers und der Seele, sondern auch das Grundprinzip jeder schönen Gestaltung im Reiche der Natur.

„In diesem Gesetze ist", wie Prof. Dr. Zeising, der Entdecker dieses Formalprinzipes, sagt, „überhaupt das Grundprinzip aller nach Schönheit und Totalität drängenden Gestaltung im Reiche der Natur, wie im Gebiete der Kunst enthalten. Es hat von Uranfang an allen Formbildungen und formellen Verhältnissen, den kosmischen wie den individualisierenden, den organischen wie den anorganischen, den akustischen wie den optischen, als höchstes Ziel vorgeschwebt, hat jedoch erst in der Menschengestalt seine vollkommenste Realisation erfahren."

Man kann kühn behaupten, es existiert kein Gebiet der Naturwissenschaft, in welchem dieses Gesetz nicht zum Ausdruck kommt. Da es aber das Gesetz der Schönheit der Verhältnisse, der Elemente ist, so ist ohne weiteres klar, dass es insbesondere im Gebiete der Kunst, der Malerei, der Architektur und Skulptur seine Anwendung gefunden hat.

Die Kenntnis des Gesetzes ist sehr alt. Schon in einzelnen Pyramiden und in vielen der ältesten Tempelbauwerke Ägyptens ist die Proportion nachweisbar. Wenn sich auch kleine Unstimmigkeiten finden, so ist es doch unmöglich, die an jenen Bauten gefundenen Verhältnisse dem reinen Zufall zuzuschreiben. Sehr wahrscheinlich kannten die Pythagoräer ebenfalls den goldenen Schnitt. In den griechischen Bauwerken aus der Zeit des Perikles ist die Verwendung dieses Prinzipes der Teilung unverkennbar.

Keppler war der Erste, der die Ideen eines Zusammenhanges des goldenen Schnittes mit der Pflanzenwelt ausgesprochen hat; allerdings war er nicht durch wissenschaftliche Messungen, sondern durch eine merkwürdige phantastische Symbolik darauf gebracht worden. Wie von Johannes Keppler ebenfalls festgestellt wurde, nähert sich der Quotient zweier aufeinander folgender Fibonacci-Zahlen dem Goldenen Schnitt.

In der Tat ist das Auftreten des goldnen Schnittes in der Natur wahrhaft überraschend und man hat wohl mit Recht in dieser wunderbaren

Proportion ein Naturgesetz gesehen. Den goldenen Schnitt treffen wir in besonderer Fülle im Pflanzenreich. Bau und Anordnung der Blätter, der Stängel und Stämme usw. führen immer wieder auf den goldenen Schnitt – Akasha – zurück. Im Tierreich ist es besonders die Klasse der Schnecken, welche im Bau des Gehäuses eine überraschende Verwendung der sectio proportionalis zeigt. Auch bei den Insekten finden wir in der mannigfaltigen Gliederung ihres Baues den goldenen Schnitt. Das Gleiche ist der Fall bei den Fischen und in der Vogelwelt, sowie bei den großen Wirbeltieren. Besonders auffallend tritt das Gesetz im Bau jener Tiere auf, die wir als edel und schön anerkennen, so z. B. Hirsch, Pferd, Reh, Gämse, Gazelle usw. Die vollkommenste Anwendung der Proportion aber sehen wir im Bau der menschlichen Gestalt.

Man wird mit Staunen sehen, dass dieses Proportionalitätsgesetz ein „alle Sphären des Seins durchdringendes Gestaltungsprinzip oder das Ideal ist, welches die schöpferische Natur bei allen ihren Bildungen erstrebt und bald mehr, bald minder vollkommen erreicht hat" und man findet das Gesetz sogar in vielen Sterngruppen angedeutet.

Von dem psychologischen Standpunkte aus muss vor allem auf die Tatsache hingewiesen werden, dass die Anwendung der Proportion des goldenen Schnittes seitens der Baumeister, der Künstler, ja fast jedes Menschen unbewusst erfolgt. Ein unanfechtbares Beispiel sind die berühmten Meisterwerke der altägyptischen Architektur (u. a. der Tempel von Karnak, der große Tempel von Dendera und jener von Ombos). Sie alle zeigen in der Anlage ihrer Grundrisse die Verwendung des goldenen Schnittes und sind doch mehrere tausend Jahre älter als Euclides von Alexandria, welcher als der Erster den goldenen Schnitt erwähnt (300 v. Chr.). Euclides selbst bewies die Richtigkeit seiner Konstruktion mit Hilfe des Pythagoräischen Lehrsatzes und für diese Konstruktion ist auch ein Beweis nur auf diesem Wege möglich. So ist jedenfalls der Schluss gerechtfertigt, dass die Konstruktion vor Entdeckung des Pythagoräischen Satzes nicht bekannt sein konnte. Aber auch Pythagoras lebte erst zu einer Zeit, in welcher jene ägyptischen Bauten schon mindestens 1000 Jahre standen. Es existiert allerdings noch eine zweite Konstruktion des goldenen Schnittes, welche ohne den Pythagoräer zu beweisen ist, allein dieselbe ist noch viel später entdeckt worden, als die euclidische Konstruktion.

Überdies sehen wir ja in unserem tagtäglichen Leben die unbewusste Anwendung des goldenen Schnittes in selbst unbedeutenden Fällen. Dies ist auf die göttliche Inspiration zurückzuführen.

Diese unbewusste Anwendung des goldenen Schnittes ist ein deutlicher Beweis, dass der Mensch oftmals Gesetze befolgt in unbewusster Weise. Es ist daher eine neue Bestätigung des psychologischen Fortschrittgesetzes vom Unbewussten zum Bewussten, ja noch mehr, es ergibt sich als logische Notwendigkeit, die Identität des Prinzipes der bewussten und jenes der unbewussten gesetzmäßigen Tätigkeit: Mit anderen Worten, die zwei verschiedenen Erscheinungsformen des goldenen Schnittes, die mathematische und die künstlerische, d. h. die bewusste und die unbewusste, entstammen derselben Quelle – der göttlich-menschlichen Seele.

Die Tatsache aber, dass auch der Bau des menschlichen Körpers die Anwendung – und zwar in reichem Maße – des goldenen Schnittes zeigt, muss die Frage nahelegen: Stammt vielleicht auch diese Anwendung aus der menschlichen Seele? Wir werden die Antwort im bejahenden Sinne geben müssen, denn wir wissen aus anderen Gründen, dass die Seele identisch ist mit dem Organisationsprinzip – dass es die Seele ist, die sich den Körper baut. So kann es nicht wundernehmen, dass sie, welche in Wissenschaft und Künsten den goldenen Schnitt zur Anwendung bringt, ihn sicher bei dem Bau des Körpers nicht vergessen kann. Wüssten wir es nicht, dass die Seele das Organisationsprinzip des Körpers ist? Der Bau des letzteren nach dem goldenen Schnitt wäre ein Beweis dafür, den Franz Bardon schon in seinem „Adepten" mehrfach erwähnt hat und die Gesetze des goldenen Schnittes, wie wir es hier schrieben, beweist dies durchaus treffend!

18. Hermetische Wissenschaft

Folgender Auszug liegt mir im Original vor. Da aber Herr Rüggeberg die Rechte dafür besitzt, muss ich seine Website zitieren, um alle rechtlichen Schritte einzuhalten. Meines Wissens stammt diese Schrift nicht von O. Votavova, sondern von Franz Bardon selbst. Auch hat der besagte Herausgeber dieser kleinen aber interessanten Schrift den Absatz über die Matrizen verfälscht, also nicht wie im Original belassen. (Auszug von: http://www. geheimpolitik.de/bardon/fb-hwiss.htm)

Einweihung

Will der angehende Eingeweihte die höchsten Stufen der Vollkommenheit erreichen, so ist der Schlüssel zur hermetischen Wissenschaft der Ausgleich (Harmonisierung) der Elemente in allen 3 Sphären (Mental-, Astral- und grobstofflich = Geist, Seele, Körper) der Anfang von allem.
Da der Astralkörper in seiner Auswirkung der Aura die Intensität seines Charakters hat und gleichzeitig der Astralkörper der Mittelpunkt zwischen Geist und Körper ist, muss der angehende Eingeweihte an der Harmonisierung seines Astralkörpers (Ausgleich seines Charakters) anfangen. Gleichzeitig mit dem Beginn der Veredlung des Charakters (Harmonisierung der Astralelemente) schult er bzw. gleicht er die Mentalelemente im Geistkörper (Mentalkörper) und die grobstofflichen Elemente im grobstofflichen Körper aus. Die Folge ist:
1. Bei Ausgleichung des Charakters = ein guter Charakter.
2. Bei Ausgleich der grobstofflichen Elemente = ein gesunder Körper.
3. Bei Ausgleich der Mentalelemente = ein gesunder-reifer Geist.
Erst bei Ausgleich aller Elemente in allen 3 Sphären kann der angehende Eingeweihte im Studium der hermetischen Wissenschaft weitergehen.
Wichtig ist, ganz gleich ob es sich um das Erfassen der Harmonie des Schicksals oder der Methode auf dem Wege zur Vervollkommnung handelt, dass immer der Quantitäts- und Qualitätsschlüssel zu beachten ist.
Auf den Wege der Methodik bei der wahren Introspektion (Charakter-veredlung) ist der Quantitäts- und Qualitätsschlüssel Grundbedingung.
Übermäßige **Qualität***, ganz gleich welcher Ebene, geht immer auf Kosten derselben Ebene und desselben Elementes.*
Übermäßige **Quantität** *(elektrisches-, magnetisches-, oder elektro-*

magnetisches Fluidum) hebt die Analogien (Qualitäten), ganz gleich ob im positiven oder negativen Sinne.

Gut ist es, sich den Qualitätsschlüssel des Astralkörpers mit all seinen Eigenschaften und Leidenschaften (positive und negative) aufzustellen (magischer Charakterspiegel) und den Elementen entsprechend wieder zu zerlegen.

Jede Elementeaufstellung der Tugenden und Eigenschaften des entsprechenden Charakters ist entsprechend der Intensität in 3 Gruppen einzuteilen. Die entsprechende Intensität ist mit dem quantitativen Verhältnis des entsprechenden Elementes des Astralkörpers identisch.

Methodik

Zu allererst ist es notwendig in der Introspektion sich des Qualitäts-schlüssels der Charaktereigenschaft zu bedienen, und zwar müssen die negativen Eigenschaften den 4 Elementen entsprechend auf eine einheitliche Zahl gebracht werden. Die am wenigsten vorhandenen Eigenschaften sind zuerst zu beachten und als Ausgangspunkt anzuwenden.

Beispiel siehe Skizze:

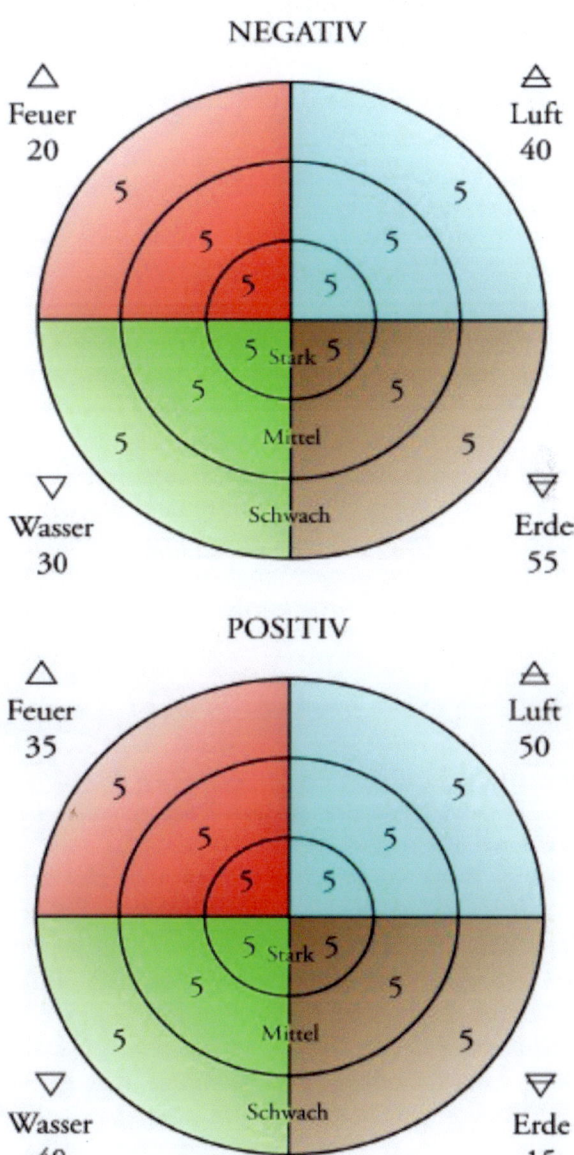

Alle negativen (unnötigen) Eigenschaften (Todsünden) müssen in positive umgewandelt werden. Die verschiedenen Anwendungsmittel sind:

1. *durch Kampf (Bekämpfung),*
2. *durch Autosuggestion,*
3. *durch Transmutation,*
4. *durch Isolierung.*

Der Quantitätsschlüssel:

1. *Durch den Kampf mit den negativen Leidenschaften wird die Intensität der einzelnen Fluide (elektrisches, magnetisches und elektromagnetisches) erzielt und die Dynamite (dynamisch) gestärkt. (Es bezieht sich auf alle Elemente).*
2. *Durch Autosuggestion werden die negativen Leidenschaften bei Entziehung von Zeit und Raum ausgeschaltet. Bis die gewünschte positive Eigenschaft zur Gewohnheit geworden ist, kann die negative Eigenschaft immer noch den Menschen angreifen. Erst nach vollkommener Angewohnheit der guten (positiven) Eigenschaften ist die negative Leidenschaft vollkommen ausgeschaltet und kann den Menschen niemals mehr angreifen.*
3. *Durch Transmutation (Umformung) wird immer die Kapazität der quantitativen Kraft gehoben. Wenn mir bei entsprechenden Elementen die positiven Eigenschaften zu schwach sind, muss ich durch Transmutation der vorhandenen negativen Leidenschaften die positiven Eigenschaften verstärken.*
4. *Isolierung: Wenn ich weder das eine noch das andere anwenden will oder kann, gebrauche ich eine Isolation, indem ich die Aufmerksamkeit den negativen Leidenschaften gegenüber entziehe. Dadurch erreicht man quantitativ nichts, d. h. also, man übergibt sich selbst dem Schicksal.*

Der Quantitätsschlüssel ist der Messer der Konzentrationsübungen.
Die Dauer der Konzentrationsfähigkeit hängt von der Quantität des betreffenden Elementes (Fluid) ab. Je quantitativer ein Fluidum vorherrscht, umso länger ist die Konzentrationsfähigkeit. So zum Beispiel ist quantitativ das elektrische Fluid gut vorhanden, so geht die visionäre Konzentration dementsprechend gut. Ist die akustische Konzentration gut, so hat man das elektrische, wie auch das magnetische Fluidum genügend

mengenmäßig in sich. Handelt es sich aber um die Konzentration des Gefühls, so benötigt man das reine magnetische Fluidum, welche erst genügend vorhanden sein muss, wenn es von Erfolg gekrönt sein soll.

Die 3 Sinneskonzentrationen (Hellsehen, Hellhören und Hellfühlen) erfordert das elektro-magnetische Fluidum quantitativ, weil bei derselben beide Fluide (elektrisches und magnetisches Fluid) gemeinsam gebraucht werden und auch verbraucht werden.

Eucharistie (bewusstes Essen):

Eucharistie ist die Lehre qualitativ und quantitativ eine Speise oder einen Trank mental, astral und auch grobstofflich zu imprägnieren. Man unterscheidet qualitative und quantitative Imprägnation. Qualitativ imprägniert sind nur diejenigen Speisen und Getränke, welche mit nur einem Gedanken, einem Wunsch, einer Vorstellung, einer Idee usw. angewendet werden. Ist die Ladung mit dem entsprechenden Wunsch mit Lebenskraft (Prana) verbunden, dann imprägniert man qualitativ und quantitativ.

Die Methode der Imprägnierung ist 3-fach und zwar:

1. *durch die visionäre Form (Feuer = Elektro-Fluid),*
2. *durch die intellektuelle oder akustische Form (Luft), (verstandesmäßige Anwendung) d. h. Hineinsprechen des Wunsches in die Flüssigkeit oder Speise,*
3. *durch die gefühlsmäßige oder empfindende Methode (Wasser = magnetisches Fluid).*

Am wirksamsten allerdings ist es, wenn man jedwede Imprägnierung mit der 3-Sinnenkonzentration qualitativ und quantitativ vornimmt. Arbeitet man mit der 3-Sinnenkonzentration, die eigentlich die stärkste Imprä gnierungsform ist, so geschieht die Wirkung nicht aus den einzelnen Regionen des Geistes (Wille, Verstand, Gefühl), sondern direkt aus dem Bewusstsein heraus. Bei jeder Imprägnierung muss man für die Mentalebene oder den Mentalkörper zwecks Realisierung stets die Zeit der Realisierung einfügen (Immer beachten!).

Die astrale Imprägnierung geht folgendermaßen vor sich:

Die zu ladende Nahrung, die wir aufnehmen (essen) wollen, muss zu einem astralen Kondensator umgewandelt werden, der wie ein trockener Schwamm aus dem Universum das elektro-magnetische Fluid aufsaugt, ähnlich wie die Lunge beim Atmen. Man muss Gewissheit haben, dass beim Konzentrieren die Kraft aus dem Universum automatisch in die Nahrung übergeht und sich dort dynamisch staut. Bei diesem Vorgang muss dann gleichzeitig die Qualität (d. h. die gewünschte Eigenschaft) mit einverleibt werden. Beim Genießen der zum sog. fluidischen Kondensator gewordenen Speise (oder des Getränkes) muss man die vollkommene Gewissheit und Überzeugung aufbringen, dass die so gestaute Kraft direkt auf den Astralkörper qualitativ und quantitativ übergeht. Die Ladung muss sooft, ganz gleich ob mentalisch oder astralisch, ausgeführt werden, bis der Erfolg sich befriedigend einstellt und zur Gewohnheit geworden ist. Niemals soll man eine andere Fähigkeit anwenden, bis die vorhergehende restlos erreicht ist.

Magie des Wassers

Sie entspricht genau denselben Vorgängen, derselben Gesetzmäßigkeit und derselben Methodik wie unter Eucharistie beschrieben ist. Auf jeden Fall ist Magie des Wassers quantitativ und qualitativ zu handhaben. Man könnte sie sozusagen mit Recht die externe (äußere) Eucharistie bezeichnen. Die Beinflussungsmöglichkeiten sind dieselben wie bei der Eucharistie mentalisch, astralisch und grobstofflich zu werten. "

Qualität und Quantität

Wie die Überschrift schon sagt, soll hier eine kleine Erläuterung zu den Begriffen gegeben werden. Es ist eine kleine Zusammenfassung aus den verschiedenen Werken und Schriften von Franz Bardon, die ich hier zitiere: Der Hermetiker muss bei seinem Studium immer magisch-mystisch vorgehen, d. h. er muss genau zu unterscheiden verstehen, wann es sich um Quantität = Kraftstoff, Substanz und wann es sich um Qualität = Eigenschaften, Auswirkungen, Tugenden und Einflüsse handelt. Er darf diese Begriffe niemals verwechseln, wenn er nicht chaotisch wirken will! Kräfte, wie z. B. die Elemente, das elektromagnetische Fluid, ja sogar ein *gewisser Aspekt des Akashaprinzipes sind als Quantität zu werten und dürfen nicht mit Qualitäten verwechselt werden. All das, was eine Kraft repräsentiert, besteht demnach stofflich – wenn auch in feinster Form – und ist daher als Materie zu werten. Mächte, Tugenden, Eigenschaften, Fähigkeiten sind demnach **Qualitäten** und sind mit Kräften nicht zu verwechseln. Wenn von irgend einer **Quantität**, also Kraft, ganz gleich ob elementischer oder Fluidkraft die Rede ist, so handelt es sich immer um einen Stoff.*

Mächte verschiedener Art, Tugenden, Eigenschaften und Fähigkeiten ob im Akashaprinzip, im Mental, Astral oder in der grobstofflichen Welt angewendet, können auch ohne Kraft oder Stoffstauung vor sich gehen, also ganz unbewusst zur Quantität gehoben werden. Ist dies der Fall, versuchen sich die gesteigerten Fähigkeiten irgendwie zu realisieren, wozu sie ganz automatisch ein bestimmtes Quantum ihrer analogen Kraft aufwenden. Bei diesem Vorgang geht es jedoch immer auf Kosten der betreffenden Vitalität des mentalen, astralen oder grobstofflichen Körpers, mitunter sogar auf Kosten des Schicksals.

*Die meisten Religionssysteme und vielfach auch die sogenannten Einweihungssysteme lassen diese Grundregel unbeachtet und beschäftigen sich größtenteils nur mit Tugenden, Eigenschaften oder Fähigkeiten, ohne vom analogen **Quantitätsstoff**, also Kraftstoff, Lebensstoff der zu hebenden Tugend oder Fähigkeit Gebrauch zu machen. Dieser grobe Grundfehler wirkt sich natürlich nachteilig aus, mitunter in schweren Disharmonien, Fehlschlägen, Misserfolgen, ja sogar in verschiedenen Störungen der Gesundheit, welche wiederum zu verschiedenen pathologischen Zuständen führen können.*

Des öfteren werden auch in vielen Eingeweihtenlogen, welche nur eine Hebung bestimmter Tugenden erzielen, ohne Rücksicht darauf, auf welcher Basis sie ihr System aufgebaut haben, verschiedene Begleiterscheinungen – Erlebnisse – wie z. B. Visionen, Halluzinationen, ekstatische Verzückungen u. dgl. verzeichnet und irrtümlicherweise als gewisse Reifegrade geistiger Entwicklung gedeutet. Wie falsch diese Annahme ist, wird dem wahren Magier und Quabbalisten sofort klar, wenn er die universalen Gesetze kennt, beherrscht, berücksichtigt und sie richtig in Anwendung bringt.

Mystik ist Qualität und Magie ist Quantität!

Ein kleines Beispiel möge dazu beitragen, den Unterschied zwischen

Qualität und Quantität zu kennzeichnen. Ein starker muskulöser Mensch muss nicht immer die seiner Kraft entsprechenden Qualitäten besitzen und umgekehrt: Ein schlanker Mensch, der sämtliche Asanas – Körperstellungen – der größten Yogis ohne weiteres einzunehmen versteht, muss nicht ihre Fähigkeiten haben. Dieses Beispiel genügt, um zu wissen, dass Fähigkeiten mit Kräften nicht zu verwechseln sind.

Zu jeder Quantität gehört eine Qualität. Es kann keine Eigenschaft ohne Kraft, und umgekehrt keine Kraft ohne Eigenschaft geben.

Beispiele:

Der Wille

Der Wille ist frei, wenn er quantitativ und qualitativ gleich ist. Bei Ungleichheit (quantitativ und qualitativ) ist er unfrei.

*Bei **quantitativen** Übergewicht drückt sich der unfreie Wille durch Impulsivität aus. Bei **qualitativen** Übergewicht drückt sich der unfreie Wille durch Rechthaberei aus.*

Das Gefühl des Geistes

*Die **quantitative** Form des Gefühls wirkt sich durch deren Vitalität aus. Die **qualitative** Form des Gefühls wirkt sich durch deren Selbsterhaltungstrieb aus.*

Der Intellekt (Verstand)

*Die **quantitative** Form des Intellektes wirkt sich in der Mentalsphäre durch die Ausdauer des Geistes aus. Die **qualitative** Form des Intellektes wirkt sich in der Mentalsphäre durch die Aufnahmefähigkeit aus.*

Das Bewusstsein

*Die Zusammenfassung aller 3 Grundeigenschaften des Geistes (Wille, Gefühl und Intellekt) machen das Bewusstsein aus. Somit ist die **quantitative** Form des Bewusstseins die Impulsivität, Ausdauer und Vitalität. Die **qualitative Form** des Bewusstseins ist somit das Rechthaben (im positiven Sinne die Rechtsauffassung. Im negativen Sinne die*

Rechthaberei), Aufnahmefähigkeit und die Selbsterhaltung.

Das Normalbewusstsein (Ich bin)

*Die **quantitative** Form des Bewusstseins ist die Stärke des elektromagnetischen Fluidums. Die **qualitative** Form des Bewusstseins wirkt sich in der Mentalebene in der Reife des Geistes aus.*

19. Aus unveröffentlichten Schriften
von Franz Bardon/Priester Travek

Wir bringen nun einige Auszüge aus dem Buch „Hilfe zur Introspektion" von Franz Bardon/Priester Travek. Dieses Buch, an dem unserer Verlag die Rechte hat (das tschechische unveröffentlichte Manuskript ist in unserem Besitz), ist bisher noch nie veröffentlicht worden. Sowohl der Hermann Bauer-Verlag als auch der Rüggeberg-Verlag lehnten die Veröffentlichung vor Jahren aus uns unbekannten Gründen ab. Anion und Ariane schmuggelten dieses Werk zusammen mit der „Talismanologie und Mantramkunde nach Franz Bardon" sowie „Fragen an Meister Arion" unter Lebensgefahr aus der kommunistischen Tschechoslowakei nach Deutschland.

Da das Werk über die Introspektion für den hermetischen Weg von überragender Bedeutung ist, werden wir es in Kürze in unserem Verlag herausbringen.

Der erste Aufsatz untersteht dem Luftelement, die zwei weiteren dem Erdprinzip und der letzte stellt eine Einleitung zum negativen Feuerelement dar:

Ausgeglichenheit – Vernunft

Ausgeglichenheit immer, überall und in allem ist eigentlich unsere erste Hauptaufgabe, die wir hundertprozentig erfüllen müssen, wenn wir überhaupt etwas Gutes erreichen wollen. Ohne Ausgeglichenheit, (Vernunft), gibt es keinen Fortschritt in magischer Lehre und Kunst. Unter dem Begriff Ausgeglichenheit verstehen wir, dass wir in allen vier universellen Elementen gleichmäßig, oder ungefähr gleich entwickelt sind, nach dem Grad unserer Reife, auch wenn wir noch nicht das absolute, elementarische Gleichgewicht besitzen. Das bedeutet, dass wir sämtliche elementarische Eigenschaften jedes Elementes gleich beherrschen, gemäß unserem Entwicklungsgrad bzw. Fortschritt. Dadurch ordnen wir gleichzeitig unseren Verstand, das heißt im Hinblick auf unsere Entwicklung begehen wir niemals etwas für uns so tief schädliches, was uns aus unserem üblichen Gleichgewicht bringen könnte. Wir können ab und zu einen kleineren Fehler machen, aber durch diesen Fehler lernen wir gleichzeitig uns um so besser erkennen, wo uns noch etwas drückt, worin *wir noch sehr empfindlich, unausgeglichen sind. Dadurch stärken wir gleichzeitig die Vernunft. Wie weit wir ausgeglichen sind, beweisen wir uns sehr gut gerade in Augenblicken des Wirkens irgendeiner von unseren negativen elementaren Eigenschaften, wenn wir es am wenigsten erwarten. Solche negative Eigenschaft kann uns nicht provozieren, in Versuchung führen, wenn wir vielleicht an sie denken, zum Beispiel bei der Introspektion oder bei Übungen, sondern wenn wir uns in passender Umgebung befinden, wo wir an diese Dinge unserer Abwehr gar nicht denken und dann zeigt sich klar und mit Sicherheit in welchem Maße wir sie beherrschen oder nicht beherrschen. Deshalb ist es sehr wichtig diese Dinge unserer Ausgeglichenheit immer im Sinn zu haben. Tag und Nacht über unsere Gedanken, Gefühle, Vorstellungen zu wachen, welche nach ihrer Entwicklung immer rein und erziehend sind, aber wir müssen sie um jeden Preis beherrschen und dürfen uns nie und nirgends und um keinen Preis von ihnen überraschen lassen. Hier kommt der weise Spruch des Meisters der Liebe zur Geltung: „**Wachet, damit ihr nicht überrascht werdet!**"*

Manche negativen Eigenschaften sind viel zu tief verwurzelt und lassen sich nicht so schnell und leicht beseitigen. Zum Beispiel irgend eine alte Leidenschaft, mit der wir lange Zeit unseres Lebens einen harten Kampf geführt haben, kann sich nach längerer Pause wieder in uns melden und wir sind der Meinung, wir hätten sie schon bewältigt. Aber diese Eigenschaft, Leidenschaft, hat eine lange, zähe Lebensfähigkeit. Sie lässt uns so lange in Ruhe, damit wir sie vielleicht sogar vergessen, aber nach einer gewissen Zeit und bei passender Gelegenheit, überrascht sie uns so mächtig, dass wir in einem solchen Augenblick gar nicht fähig sind, uns zu wehren. Deshalb sind wir für diesen Hinweis sehr dankbar und bemühen uns, diese Eigenschaft wirklich zu beherrschen.

Ausgeglichenheit (Vernunft) hat einen gewissen Vorteil darin, dass wir jede noch so geringe Wirkung irgendeiner unserer negativen Eigenschaften sofort, oder möglichst bald erkennen und gegen sie kämpfen, bis wir sie beherrschen. Die echte Ausgeglichenheit kann auch nicht durch kleinere Schwankungen gestört oder zerstört werden, weil uns unsere tägliche Introspektion-Bilanz über den Zustand der Wirkung jeglicher negativer Eigenschaften eine dauernde Wachsamkeit bringt, bei jeder Tätigkeit, bei Tag und Nacht, damit wir nie und nirgends überrascht werden. Und zuletzt sind unsere Ausgeglichenheit und Vernunft ein gutes Zeichen unseres Fortschritts in der Magie und sie werden uns nie verlassen.

2. Aufsatz:
Ausgeglichenheit

Ausgeglichenheit ist eine gute aktive Eigenschaft, die uns zur Erreichung des absoluten elementarischen Gleichgewichtes verhilft. Diese Eigenschaft muss sich allerdings in uns ständig, stets und überall äußern, damit wir aus ihr den echten Nutzen schöpfen können. Es ist besonders wichtig, damit wir uns ohne jegliche schädliche Folgen mit jeder Situation, Problemen, und mit allem was uns so im Leben begegnet ausgleichen und das ist der echte Sinn, Kern und Zweck der Ausgeglichenheit.

Verwenden wir diese starken aktiven Eigenschaften zum stufenweisen Ausgleich aller durch uns früher geschaffenen Ursachen im Akasha, schaffen wir uns sehr gute Voraussetzungen für das Erreichen des elementischen Gleichgewichtes, das die erste und grundlegende Voraussetzung ist für das weitere Fortschreiten in unserer magischen Entwicklung. Von diesem Standpunkt her ist die Ausgeglichenheit stets, überall und in allem ein gutes Zeichen unseres elementarischen Gleichgewichtes, das wir täglich vertiefen. Höchste Ausgeglichenheit im Sinne des Wortes macht uns durchaus unantastbar gegenüber der winzigsten Wirkung aktiver wie auch negativer Eigenschaften, das heißt, wir bleiben standhaft, frei und charakterfest bei auftretenden Leidenschaften, schlechten Gewohnheiten und negativen Zuständen. Da wir uns ununterbrochen im absoluten Zentrum der Ewigkeit aufhalten, das heißt, in unserem Akasha, wo ewige Ruhe und Frieden vorherrschen. Ein absolutes Gleichgewicht aller universellen Elemente, Mächte und Kräfte, woher wir als neutrale Beobachter alles im Lichte der absoluten Wahrheit sehen können – der Wirklichkeit.

Ein ausgeglichener Mensch erkennt klar den Charakter aller seiner Mitmenschen, er liest in ihnen wie in einem offenen Buch und gemäß der Richtung, der Wirkung ihrer Eigenschaften kann er augenblicklich sein Verhalten und Benehmen solchen Menschen gegenüber so steuern, dass er in der Lage ist, stets ausgezeichnet ihren eventuellen Nachstellungen und allen schädlichen Ursachen, die sie schaffen, die Stirn zu bieten. Auf diese Weise wird er zum Herrn der Situation, auch wenn sie noch so kritisch sein mag und hoffnungslos erscheint, denn durch seine absolute Ausgeglichenheit kann er sich sehr schnell und gut jeder gegebenen Situation anpassen und diese dann gänzlich beherrschen.

Diese Grundeigenschaft muss sich jeder Hermetiker um jeden Preis schaffen, festigen und aneignen, weil er sie in allen Lebenslagen nötig braucht. Bei jeder Gelegenheit ist sie für den Magier von höchster Bedeutung und Wichtigkeit, ob bei den Übungen, magischen Verrichtungen, so auch im allgemeinen Leben und gegenüber allen seinen Mitmenschen mit denen er in Berührung kommt. Magische Ausgeglichenheit stellt uns ebenfalls in den Vordergrund des gesamten Lebens, weil, wie wir alle wissen, dass jeder vernünftige Mensch überall und in allem einen ausgeglichenen Menschen respektiert und ihn verehrt. Wir verwenden allerdings das elementarische Gleichgewicht nur zu edlen Zwecken und missbrauchen es nie. Das ist auch die heilige Pflicht eines jeden Hermetikers.

Durch die Ausgeglichenheit halten wir auch alle entfesselten elementarischen Eigenschaften um uns herum gut im Zaum, die sich, nehmen wir an in verschiedenen aufgeregten Massen von Menschen äußern und die jeden Schwächling ausnahmslos ergreifen und ihn mit sich reißen. Daraus urteilen wir, dass die Ausgeglichenheit stets, überall und in allem grundsätzlich angewendet beträchtliche Erfolge mentaler, seelischer und grobstofflicher Art mit sich bringt. Sie verändert die Bildung von jeglichen schädlichen Ursachen, denn ihre Hauptaufgabe ist alles, was besteht, ständig konsequent auszugleichen und alles im Gleichgewicht zu halten. Praktisch bedeutet es, wenn zum Beispiel irgendein Gedanke versucht uns zu einem negativen Zweck zu beeinflussen, aber unsere augenblickliche Ausgeglichenheit begreift es sofort und schafft in uns das Gegenteil dessen, zu was uns die negative Eigenschaft in Gedankenform anstiftet. Auf diese Weise kommt es dann überhaupt nicht zu ihrer Realisierung.

3. Aufsatz:
Harmonie

Unter dem Wort Harmonie verstehen wir bestimmte Gefühlsvibrationen, die sich gegenseitig ergänzen, das heißt, dass eine Vibration mit der anderen einen passenden Einklang findet und in uns das Gefühl der seligen Befriedigung, Freude, Ruhe, Seligkeit, Sicherheit, Edelmütigkeit, Sympathie und ähnliche Zustände hervorruft, die wir erleben. Je feiner die Vibrationen der Harmonie sind, um so tiefer ist das Erleben der harmonischen Zustände. Praktisch beobachten wir es bei bestimmten Gelegenheiten am besten an uns selbst, wenn zum Beispiel eine schöne

Umgebung in der Natur auf uns einwirkt. Wie sie uns gänzlich durch eine Tiefe des Erlebens und Erkennens mit ihrer Schönheit, Pracht, Melodie, Begeisterung und Bewunderung an uns fesselt. Hier arbeitet hauptsächlich unsere Seele, die Gefühlsseite unseres Charakters und je edler sie ist, um so mehr ist sie von der Tiefenharmonie durchdrungen.

Aus der Erfahrung wissen wir, dass wir nicht ständig harmonische Zustände und Eindrücke erleben, die bei manchen vielleicht nur selten vorkommen, sondern wir ringen vielmehr mit der Disharmonie. Diese Disharmonie ist in Wahrheit eine Folge respektive das Ergebnis unserer Unausgeglichenheit mit der wir ständig kämpfen müssen und die uns so manches heiße und bittere Verweilen bringt, bevor wir sie loswerden. Dem gegenüber ist die Harmonie eine sehr angenehme und ungestörte Befriedigung über alles, was wir in gänzlicher Ausgeglichenheit erleben, besonders wenn wir uns vorstellen, dass es auf der Welt nichts schlechtes gibt. Im Gegenteil, dass alles gut, weise und schön ist und dass das alles seine bestimmte Bedeutung hat und auf der Welt nichts vergebens geschieht. Denn alles greift mit absoluter Genauigkeit ineinander, wie die Zahnrädchen der Uhren. Nur wir armseligen und unwissenden Menschen sind bis jetzt noch nicht imstande zu begreifen, dass in Wahrheit dieses so einfache, über alles klare und weise Tun, ein erzieherischer Prozess im ganzen Universum ist. Das alles gehört ja dem Universum – Akasha, das in seiner absoluten Reinheit stets, überall und in allem absolut nichts schlechtes schaffen konnte. Und falls jemand auf irgendeine Weise leidet, dann hat er sich das alles selbst zugezogen und niemand anderer. Deshalb kann er nur über sich selbst klagen. Das alles greift in die universelle Harmonie wie die genauen und präzisen Rädchen einer Uhr hinein. Wer diese Harmonie in sich bewusst oder unbewusst stört, der sinkt in die Disharmonie ab und muss sie so lange durchleben, bis er die letzten Hindernisse beseitigt, die ihm den Eintritt in den ausgeglichenen Zustand der ewigen Befriedigung und Unberührbarkeit verwehren.

Die Harmonie ist auch ein Maßstab unserer Entwicklung, denn je weniger wir das Gefühl der gänzlichen Befriedigung mit unserem Zustand erleben, um so tiefer stehen wir. Je besser wir uns bewusst werden, um den Zustand der gänzlichen Ausgeglichenheit und das Gleichgewicht kennenlernen, um so mehr nähern wir uns dem magischen Gleichgewicht, zur absoluten elementarischen Ausgeglichenheit, zur absoluten Reinheit, stets überall und in allem.

Wir lernen zu verstehen, dass die Harmonie ein Ergebnis unserer *langjährigen Introspektion ist und erinnern uns ständig, dass wir uns einer gründlichen Reinigung unterziehen sollten von allem, was noch unseren Charakter entwertet. Die Harmonie ist sicher ein Ergebnis unserer guten und langjährigen Arbeit im Bereich der Veredelung unseres Geistes, der Seele und des stofflichen Körpers. Wenn die Harmonie auf der ganzen Welt und bei allen Menschen vorherrschen würde, würden die Kriege sicher unumkehrbar verschwinden und damit auch der grausame Egoismus, der die Kriege verursacht. So ein Leben wäre wirklich erfreulich und harmonisch. Wir haben bereits jetzt die Möglichkeit bei uns die echte Harmonie zu züchten und jeglichen Zusammenhang mit den Kriegen und dem Egoismus zu unterbinden, gegen die wir immun, unberührbar werden, weil wir nichts gemeinsam damit haben.*

4. Aufsatz:
Einleitung in das Erkennen und Beherrschen der negativen Eigenschaften beim Menschen

*Negative genauso wie positive d. h. passive wie aktive Eigenschaften entstehen in jedem Menschen als Folge der Wirkung des vierpoligen Magneten. Das heißt durch das Wirken aller vier Elemente und zwar auf allen Ebenen. Deshalb teilen wir diese Eigenschaften in vier Elemente: Feuer, Luft, Wasser und Erde. Diese Eigenschaften sind absolut rein, in ihrer Wirkung **allmächtig** und über alles erzieherisch wirksam. Ihr einziges Ziel ist die Erziehung des Menschen während seines begrenzten Lebens auf der materiellen Ebene. Durch die Wirksamkeit der negativen und positiven Eigenschaften bildet sich in uns der Charakter, durch den sich unsere Seele und unsere astrale Welt offenbaren.*

Unwissende Menschen sprechen allerdings irrtümlich die negativen Eigenschaften den Teufel zu, den sie sich allerdings selber geschaffen haben. In Wahrheit gibt es einen derartigen „Teufel" überhaupt nicht. Einen grausameren Irrtum kann es gar nicht geben als passiv und resigniert dem Einfluss der negativen Eigenschaften zu unterliegen und das zu tun und leben, was diese Eigenschaften in uns darstellen. Wir sind im Besitz unseres festen Willens und des gesunden Verstandes. Damit sind wir vor allem in der Lage zu unterscheiden, welche Eigenschaften uns schaden und welche uns fördern. Das ist unsere erste und grundsätzliche Erkenntnis.

Falls wir dies wissen, sind wir natürlich bemüht der Wirkung dieser

Eigenschaften auch entgegen zutreten, sie gegebenenfalls auch zu vernichten. Und am besten vollbringen wir dies, wenn wir ihre Wirkung in gegensätzliche Eigenschaften verwandeln. Zum Beispiel: Es entsteht Zorn oder Aufregung. Wir werden diese negativen Eigenschaften in vollkommene Ruhe verwandeln und zwar um so größer, je mehr sie auf uns wirken. Wir können sie auch auf passive Weise beseitigen, in dem wir sie unbeobachtet durch unsere mentale und astrale Ebene durchlaufen lassen, bis sie von selbst verschwindet. Man kann sie auch mittels sehr wirksamer Vorstellungen liquidieren, z. B. bei der sexuellen Sinnlichkeit stellen wir uns vor, dass wir uns von einem sexuell angesteckten Mann oder Frau sicher auch anstecken würden und sich somit unser Leben mindestens um ein Drittel verkürzt.

Ohne das Beherrschen der negativen Eigenschaften wäre unser Leben voller Leid, Enttäuschung und Misserfolge und dies würde sich so lange wiederholen, bis wir diese Eigenschaften erkennen und sie auch beherrschen. Durch Beherrschung der negativen Eigenschaften stellen wir unser elementarisches Gleichgewicht her, in dem wir erst beginnen, das Echte und Reine zu leben. Hierin liegt unser großer Erfolg. Leider ist aber das Bezwingen und die Unterordnung der negativen Eigenschaften unter unseren Willen, dass sie uns dienen, nicht so leicht, wie es auf den ersten Blick erscheint. Meistens dauert es ganze Jahre, bevor wir es fertig bringen. Vergessen wir nicht die unendlich lange Zeit, die wir schon in früheren Inkarnationen verbracht haben, ohne auch nur einen Finger zum Beherrschen unserer negativen Eigenschaften krumm gemacht zu haben. Und wie viel negative Ursachen wir im Laufe dieser langen Zeit als Folge ihrer Wirkung in unserer Welt der Ursachen gesät haben. Und wie viele Folgen haben wir dadurch herbeigeführt?

Dies alles kann man nicht schnell und leicht beseitigen, aber es wird uns ganz bestimmt gelingen, unsere negativen Eigenschaften anzugreifen und zu beherrschen, wenn wir ununterbrochen, Tag und Nacht auf der Lauer sind, bis es zur Gewohnheit wird, ins Blut übergeht, in unsere ganze Persönlichkeit.

Die angeführten Beispiele und Erklärungen sollen nur gewisse Anleitungen oder Muster darstellen, wie wir uns praktisch verhalten sollen, damit wir das vorgesetzte Ziel erreichen, d. h. die Beherrschung der negativen Eigenschaften zum Erreichen des absoluten elementarischen Gleichgewichtes.

Quellenverzeichnis:

I. Regardie – Der hermetischen Orden der Goldenen Dämmerung
Crowley – Magick
Frater Eratus – Einweihung 1-40
Weißhaupt – Über die Selbsterkenntnis
Shivananda – Übungen zu Konzentration und Meditation
Meyrnik – Das Grüne Gesicht
Blätter für angewandte okkulte Lebenskunst
Weiße Fahne 1923-1936
Zentralblatt für Okkultismus
Bardon – Hermetische Wissenschaft
Bardon – Der Schlüssel zur wahren Quabbalah
Bardon – Fragen an Meister Arion
Seila Orienta – Das Leben und die Erfahrungen eines wahren Hermetikers
Seila Orienta – Das Goldene Blatt der Weisheit
E. Levi – Dogma und Ritual der hohen Magie
Steiner – Die Sendung des Michael
Douval – Bücher der praktischen Magie
Dion Fortune – Die mystische Kabbala
E. Wentz – Geheimlehren aus Tibet
Hopkins – Der tibetanische Buddhismus
Reden des Buddha
K.O. Schmidt – Bücher des flammenden Herzens 10 Bände
Lomer – 7 Lehrbriefe
Brandler-Pracht – Lehrbuch zur Entwicklung okkulter Kräfte
Peryt Shou – alle Werke
Der Koran
Die Luther-Bibel
Der Talmud
Rama Prasad - Die feineren Naturkräfte und die Wissenschaft des Atems
Hartmann – Bagavath Gita
Vivekananda – 4 Yogawerke
Aurobindo – Der integrale Yoga
Purana Sutra
Agrippa von Nettesheim – Magische Werke

S.A. Kummer – Heilige Runenmacht
R. Tagore - Sadhana
R. Tagore – Persönlichkeit
O.M.Aivanhov – Das kosmische Gleichgewicht

Weitere Bücher aus dem Christof Uiberreiter Verlag:

Das goldene Blatt der Weisheit
Seila Orienta/Franz Bardon

Zum ersten Mal in der okkulten Literatur wird die 4. Tarotkarte des Hermes Trismegistos verständlich beschrieben und offengelegt. Sie beinhaltet unbekannte Konzentrations- und Meditationsübungen. Des Weiteren gibt sie Hinweise und erklärt die Unterschiede zwischen Magie und Mystik und Gefahren des einseitigen Weges. Am Ende steht die Verbindung mit der universellen Gottheit, dem Herrn der Sonnensphäre, welcher quabbalistisch „Metatron" genannt wird.

*

5. Tarotkarte – Mysterien des Steins der Weisen
Seila Orienta/Franz Bardon

Dieses Buch stellt die Vorderseite der Alchemie dar, die die einzelnen praktischen Übungsschritte erklärt, ohne die verschlüsselten Mystifikationen der alten Alchemisten auch nur annähernd zu erwähnen, wie man es aus den anderen Büchern des Franz Bardon kennt. Es wird erklärt, dass ohne vollkommene Beherrschung der 4 Elemente keine Alchemie möglich ist. Des Weiteren wird mit den einzelnen Ebenen, mit den Matrizen, dem elektromagnetischen Fluid usw. gearbeitet. Doch den Hauptpunkt stellen die göttlichen Eigenschaften wie z. B. die Allmacht dar, mit denen der Göttliche Stein der Weisen durch gewisse Übungen geladen wird.

*

Talismanologie und Mantramkunde
Seila Orienta/Franz Bardon

Zum ersten Mal werden hier (magisch) geladene Mantrams – Gebetssätze – preisgegeben, welche bei nötiger Reife, Ausgeglichenheit und Reinheit durchdringende Erfolge versprechen. Mantrams sind ja nach Bardon nicht irgendwelche „Suggestionssätze", sondern sie sind Ideenausdrücke, mit denen man mit Mächten, Kräften, Eigenschaften, also Gottheiten, in Verbindung kommen kann. Gleichzeitig werden die dazugehörigen Siegelzeichen der göttlichen Ideen preisgegeben, welche im rituellen

Zusammenhang mit den Mantrams stehen. Ein Buch, das nicht nur die Hermetiker, sondern auch die Anhänger der Yogawissenschaften inspirieren wird!

*

Eine Sammlung der schönsten und lehrreichsten Beschwörungsgeschichten
Hohenstätten

Dieses Buch ist einzigartig, denn es zeigt den zweiten Band von Franz Bardon an Hand von interessanten Evokationsberichten, die genau das bestätigen, was Bardon in seinem Buch geschrieben hat, und noch darüber hinaus. Es werden sensationelle Erlebnisse geschildert, die man sonst niemals findet. Auch aus unveröffentlichten Schriften wird zitiert.

*

Verkörperungen des Meister Arion
Hohenstätten

Man wird beim Lesen dieses Buches nicht glauben, wie viele bekannte und unbekannte Inkarnationen Franz Bardon hatte. Die paar, die im „Frabato" bekannt gegeben wurden, stellen nur einen geringen Teil seiner Verkörperungen dar. Wir mussten, da es dermaßen wenig Literatur über die Verkörperungen gab, wieder Hunderte und Aberhunderte von Büchern, Aufsätzen, Zeitschriften und Artikeln durcharbeiten, bis wir genügend Material für dieses Buch hatten. Aber der Leser wird sich beim Lesen sicherlich über unsere Arbeit freuen, denn sie wird ihn in Erstaunen versetzen!

*

Shamballa, der goldene Tempel des Lichts
Hohenstätten

Dieser Tempel dürfte jeden Leser von Bardons Roman „Frabato" fasziniert haben. Dass es aber in der okkulten Literatur noch viel mehr Informationen darüber gibt, die man aber nur findet, wenn man alles Veröffentlichte gelesen hat, dürfte dem einen oder anderen unbekannt sein. Es wurden wieder ganze Stöße von Büchern durchgesehen und das Ergebnis wird hier veröffentlicht. Es wird aber gleichzeitig darauf hingewiesen, wie viel Schundliteratur es darüber gibt, wie viel Lügen im Umlauf sind, damit sich der Schüler der Hermetik ein klares Bild machen kann. Wir bringen in diesem Buch alles, was wir an Material darüber gefunden haben, und es wird auch noch einiges aus der eigenen Erfahrung, was das Wertvollste ist, mitgeteilt. Nicht nur über den Tempel wird berichtet, sondern auch über die damit verbundene „Bruderschaft des Lichts", deren Sitz er darstellt.

*

Auf der Suche nach Meister Arion
Hohenstätten

Diese Autobiographie eines Schülers der Hermetik des Franz Bardon schildert sein magisches Leben, in welchem zahlreiche Erfahrungen zu den Übungen aus dem Adepten geschildert werden, die die Hauptperson selbst erlebt hat. Es wird der schwere Weg des Adepten aus autobiographischer Sicht gezeigt, seine vielen Tiefschläge, aber auch seine glanzvollen Seiten und Zeiten. Der harte Kampf mit dem Seelenspiegel wird bis in alle Einzelheiten aufgezeigt, genauso wie die vielen anderen Wege, in welche der Autor reinschnupperte, um dadurch reichlich Erfahrung sammeln zu können. Darüber hinaus enthält es unzählige Erfahrungen und Berichte betreffs Mantramistik nach Bardon, die wahre Runenmagie, zahlreiche Evokationen sowie Invokationen mit seinem Lehrer Anion, einen magischen Exorzismus, wie er bisher noch nie öffentlich geschildert wurde. Mentalreisen, Beeinflussungen, Übungen zur Gottverbundenheit, Erscheinungen, Alchemie, Heilungen mit den verschiedensten magischen Methoden z. B. Quabbalah oder durch die Elemente, Schutzgeistevokationen und viele andere magische „Wunder" seines Freundes und Lehrers Anion. Auch einige magische Fotos in Farbe, ein bisher von Bardon unveröffentlichtes Akashafoto von Christus und ein Bild des schwebenden Meister Arion werden in diesem Buch preisgegeben. Der Inhalt ist viel reichlicher, als hier kurz beschrieben werden kann.

*

Magisches Gleichgewicht
Hohenstätten

Dieses Buch zeigt eindeutig, dass in allen anderen Systemen das „Gleichgewicht" genauso gebraucht wird, wie bei Bardons Werken. Er war nicht der Einzige, der das erwähnte, aber er war der erste, der es deutlich erklärte, denn die anderen Systeme sprachen nur durch das Symbol, welches nicht jedem Leser verständlich war. Obendrein bringen wir noch Unveröffentlichtes vom Meister Arion zu dieser Grundlage der magischen

Entwicklung.

*

Das Leben und die Erfahrungen eines wahren Hermetikers
Seila Orienta

Diese Autobiographie eines Magiers ist unübertroffen, denn bis jetzt hat kein einziger okkult Geschulter so offen und ehrlich gesprochen wie Seila Orienta. Er gibt in diesem Werk sein Leben bekannt, sowie seine zahlreichen und äußerst interessanten Erlebnisse und Erfahrungen. Es werden auch zum ersten Mal Fotos von Wesen der Sphären gezeigt, welche Franz Bardon höchstpersönlich in den 1920ern gemacht hat. Des Weiteren schreibt Seila Orienta über die Sphären, über Dämonen, Logenkontakte und vieles, vieles mehr, was einem ehrlich strebenden Hermetiker das Herz übergehen lassen wird.

*

Das Leben des Franz Bardon
Hohenstätten

Dieses Buch beschreibt das Leben des Meisters außerhalb des Frabatos, welches seine Sekretärin – Otti V. – geschrieben hat. Es beinhaltet Erklärungen zu seiner „Biografie", weitere Einzelheiten über den Kampf mit der FOGC, seine Beziehung zu Wilhelm Quintscher und anderen Okkultisten, was alles bisher unbekannt war! Des Weiteren werden viele Erlebnisse seiner Schüler in Prag erzählt, verschiedene magische Leistungen und interessante Geschichten Bardons beschrieben, die bis dato unveröffentlicht sind. Es werden auch seine drei Lehrwerke und deren Wirkung auf die Öffentlichkeit von einem anderen, unbekannten Standpunkt geschildert, welcher durch bisher schwer zugängliche Schriften unterstützt wird. Als Krönung wird seine aus dem Tschechischen übersetzte „Runenschrift" zum ersten Mal veröffentlicht. Auch einige Seiten aus anderen unveröffentlichten Schriften von ihm sowie interessante Fotos des Meister Bardon und seiner Freunde werden hier preisgegeben und vieles, vieles mehr.

*

In Verbindung mit der Gottheit
Hohenstätten

Über das Thema der Gottverbundenheit mit all seinen Formen und

Methoden wurde bis heute noch nie ein Buch verfasst, geschweige denn eine Schrift geschrieben. Man findet in der okkulten wie in der östlichen Literatur nur spärliche Hinweise, die größtenteils verschlüsselt sind oder so geschrieben wurden, dass man sie kaum versteht. Im Gegensatz dazu wird in diesem Buch offen dargelegt, dass das 1. kleine Arkanum der 78 Tarotkarten die Gottverbundenheit in ihrer Reinform darstellt.

*

Hermetische Heilmethoden
Hohenstätten

Dieses Buch stellt in der okkulten Literatur ein absolutes Unikum dar, denn über die Gesamtheit der okkulten Heilmethoden wurde bis jetzt noch NIE etwas Sinnvolles geschrieben. Es werden alle Heilmethoden erwähnt, die der hermetische Schüler mit Hilfe seiner bisher erlangten Konzentrationsfähigkeit ausüben und verwenden kann.

*

Erste hermetische Zeitschrift

„Der hermetische Bund teilt mit" ist eine der wenigen magisch-mystischen Zeitschriften, welche sich soweit als möglich auf die universelle Lehre von Franz Bardon bezieht. Sie versucht sich an die Gesetze des 4-poligen Magneten zu halten und vermittelt Wissen sowie Hinweise für die Praxis, damit der Leser die Möglichkeit hat, sie in seinen hermetischen Weg aufzunehmen und für sich gewinnbringend zu verarbeiten.

Noch viel mehr hermetische Literatur finden Sie auf unserer Website: http://www.hermetischer-bund.com.

Viel Vergnügen beim Stöbern!

Der Verlag